京华通览

西山永定河文化带

主编／段柄仁

北京中关村

王锦　徐建功／编著

北京出版集团公司
北京出版社

图书在版编目（CIP）数据

北京中关村 / 王锦，徐建功编著 . — 北京：北京出版社，2018.3
（京华通览 / 段柄仁主编）
ISBN 978-7-200-13834-4

Ⅰ.①北… Ⅱ.①王… ②徐… Ⅲ.①高技术园区—介绍—海淀区 Ⅳ.①F127.13

中国版本图书馆CIP数据核字（2018）第006433号

出 版 人	曲 仲	
策 划	安 东	于 虹
项目统筹	孙 菁	董拯民
责任编辑	白 珍	
封面设计	田 晗	
版式设计	云伊若水	
责任印制	燕雨萌	

《京华通览》丛书在出版过程中，使用了部分出版物及网站的图片资料，在此谨向有关资料的提供者致以衷心的感谢。因部分图片的作者难以联系，敬请本丛书所用图片的版权所有者与北京出版集团公司联系。

北京中关村
BEIJING ZHONGGUANCUN
王锦 徐建功 编著

*

北京出版集团公司
北京出版社　出版
（北京北三环中路6号）
邮政编码：100120

网　址：www.bph.com.cn
北京出版集团公司总发行
新 华 书 店 经 销
天津画中画印刷有限公司印刷

*

880毫米×1230毫米　32开本　7.25印张　150千字
2018年3月第1版　2022年11月第3次印刷
ISBN 978-7-200-13834-4
定价：45.00元

如有印装质量问题，由本社负责调换
质量监督电话：010-58572393

《京华通览》编纂委员会

主　任　段柄仁
副主任　陈　玲　曲　仲
成　员　(按姓氏笔画排序)
　　　　于　虹　王来水　安　东　运子微
　　　　杨良志　张恒彬　周　浩　侯宏兴
主　编　段柄仁
副主编　谭烈飞

《京华通览》编辑部

主　任　安　东
副主任　于　虹　董拯民
成　员　(按姓氏笔画排序)
　　　　王　岩　白　珍　孙　菁　李更鑫
　　　　潘惠楼

序

PREFACE

擦亮北京"金名片"

段柄仁

北京是中华民族的一张"金名片"。"金"在何处？可以用四句话描述：历史悠久、山河壮美、文化璀璨、地位独特。

展开一点说，这个区域在70万年前就有远古人类生存聚集，是一处人类发祥之地。据考古发掘，在房山区周口店一带，出土远古居民的头盖骨，被定名为"北京人"。这个区域也是人类都市文明发育较早，影响广泛深远之地。据历史记载，早在3000年前，就形成了燕、蓟两个方国之都，之后又多次作为诸侯国都、割据势力之都；元代作为全国政治中心，修筑了雄伟壮丽、举世瞩目的元大都；明代以此为基础进行了改造重建，形成了今天北京城的大格局；清代仍以此为首都。北京作为大都会，其文明引领全国，影响世界，被国外专家称为"世界奇观""在地球表面上，人类最伟大的个体工程"。

北京人文的久远历史，生生不息的发展，与其山河壮美、宜生宜长的自然环境紧密相连。她坐落在华北大平原北缘，"左环沧海，右拥太行，南襟河济，北枕居庸""龙蟠虎踞，形势雄伟，南控江淮，北连朔漠"，是我国三大地理单元——华北大平原、东北大平原、内蒙古高原的交会之处，是南北通衢的纽带，东西连接的龙头，东北亚环渤海地区的中心。这块得天独厚的地域，不仅极具区位优势，而且环境宜人，气候温和，四季分明。在高山峻岭之下，有广阔的丘陵、缓坡和平川沃土，永定河、潮白河、拒马河、温榆河和蓟运河五大水系纵横交错，如血脉遍布大地，使其顺理成章地成为人类祖居、中华帝都、中华人民共和国首都。

这块风水宝地和久远的人文历史，催生并积聚了令人垂羡的灿烂文化。文物古迹星罗棋布，不少是人类文明的顶尖之作，已有1000余项被确定为文物保护单位。周口店遗址、明清皇宫、八达岭长城、天坛、颐和园、明清帝王陵和大运河被列入世界文化遗产名录，60余项被列为全国重点文物保护单位，220余项被列为市级文物保护单位，40片历史文化街区，加上环绕城市核心区的大运河文化带、长城文化带、西山永定河文化带和诸多的历史建筑、名镇名村、非物质文化遗产，以及数万种留存至今的历史典籍、志鉴档册、文物文化资料，《红楼梦》、"京剧"等文学艺术明珠，早已成为传承历史文明、启迪人们智慧、滋养人们心灵的瑰宝。

中华人民共和国成立后，北京发生了深刻的变化。作为国家首都的独特地位，使这座古老的城市，成为全国现代化建设的领头雁。新的《北京城市总体规划（2016年—2035年）》的制定和中共中央、国务院的批复，确定了北京是全国政治中心、文化中心、国际交往中心、科技创新中心的性质和建设国际一流的和谐宜居之都的目标，大大增加了这块"金名片"的含金量。

伴随国际局势的深刻变化，世界经济重心已逐步向亚太地区转移，而亚太地区发展最快的是东北亚的环渤海地区、这块地区的京津冀地区，而北京正是这个地区的核心，建设以北京为核心的世界级城市群，已被列入实现"两个一百年"奋斗目标、中国梦的国家战略。这就又把北京推向了中国特色社会主义新时代谱写现代化新征程壮丽篇章的引领示范地位，也预示了这块热土必将更加辉煌的前景。

北京这张"金名片"，如何精心保护，细心擦拭，全面展示其风貌，尽力挖掘其能量，使之永续发展，永放光彩并更加明亮？这是摆在北京人面前的一项历史性使命，一项应自觉承担且不可替代的职责，需要做整体性、多方面的努力。但保护、擦拭、展示、挖掘的前提是对它的全面认识，只有认识，才会珍惜，才能热爱，才可能尽心尽力、尽职尽责，创造性完成这项释能放光的事业。而解决认识问题，必须做大量的基础文化建设和知识普及工作。近些年北京市有关部门在这方面做了大量工作，先后出版了《北京通史》（10卷本）、《北京百科全书》（20卷本），各类志书近900种，以及多种年鉴、专著和资料汇编，等等，为擦亮北京这张"金名片"做了可贵的基础性贡献。但是这些著述，大多是服务于专业单位、党政领导部门和教学科研人员。如何使其承载的知识进一步普及化、大众化，出版面向更大范围的群众的读物，是当前急需弥补的弱项。为此我们启动了《京华通览》系列丛书的编写，采取简约、通俗、方便阅读的方法，从有关北京历史文化的大量书籍资料中，特别是卷帙浩繁的地方志书中，精选当前广大群众需要的知识，尽可能满足北京人以及关注北京的国内外朋友进一步了解北京的历史与现状、性质与功能、特点与亮点的需求，以达到"知北京、爱北京，合力共建美好北京"的目的。

这套丛书的内容紧紧围绕北京是全国的政治、文化、国际交往和科技创新四个中心，涵盖北京的自然环境、经济、政治、文化、社会等各方面的知识，但重点是北京的深厚灿烂的文化。突出安排了"历史文化名城""西山永定河文化带""大运河文化带""长城文化带"四个系列内容。资料大部分是取自新编北京志并进行压缩、修订、补充、改编。也有从已出版的北京历史文化读物中优选改编和针对一些重要内容弥补缺失而专门组织的创作。作品的作者大多是在北京志书编纂中捉刀实干的骨干人物和在北京史志领域著述颇丰的知名专家。尹钧科、谭烈飞、吴文涛、张宝章、郗志群、马建农、王之鸿等，都有作品奉献。从这个意义上说，这套丛书中，不少作品也可称"大家小书"。

总之，擦亮北京"金名片"，就是使蕴藏于文明古都丰富多彩的优秀历史文化活起来，充满时代精神和首都特色的社会主义创新文化强起来，进一步展现其真善美，释放其精气神，提高其含金量。

2017 年 11 月

目录

CONTENTS

由来与沿革 / 1

电子一条街时期
（1980年10月—1988年4月）

科技人员率先"下海"创业 / 10
中科院"一院两制" / 11
中关村企业经营管理理念 / 13
区领导"碰头会" / 15
技术创新 / 17
 激光汉字编辑排版系统 / 17
 "五笔字型"输入法 / 18
 东方红通信卫星 / 18
 低纯度钕稀土铁硼永磁材料 / 20
 汉王形变连笔的手写识别方法与系统 / 21
 联想汉卡 / 22
 四通打字机 / 23
 时代里氏硬度计 / 24

北京市新技术产业开发试验区时期

（1988年5月—1999年5月）

第一个国家级高新技术产业开发区 / 28

首个高新技术产业开发区法规 / 29

首次公开招聘公务人员 / 32

首创财政返还 / 33

创立高新技术企业财会制度 / 34

土地有偿使用 / 37

尝试企业产权制度改革 / 38

首个留学人员创业孵化器 / 39

"一站式"服务 / 41

技术创新 / 42

  WPS中文处理软件 / 42

  "用友"财务管理软件 / 43

  联想微机 / 44

  第一件软件著作权 / 45

  首台激光打印机 / 45

  方正彩色电子出版系统 / 46

  "曙光1000" / 47

  "瀛海威"信息服务 / 48

  血脂康胶囊 / 50

  新浪网（sina） / 51

  非线性电视新闻综合网络系统 / 52

中关村科技园区时期

（1999年6月—2009年2月）

设立建设中关村科技园区领导小组 / 56

企业产权激励试点 / 59

发布中关村科技园区条例 / 60

中关村智库 / 63

新型科研机构——北京生命科学研究所 / 65

新三板试点 / 66

百家创新型企业试点 / 71

中关村科技园区发展专项资金 / 74

企业信用制度 / 76

国家知识产权制度示范园区 / 79

中关村技术产权交易所 / 80

瞪羚计划 / 82

中关村开放实验室 / 84

高新技术产业国家级标准化示范区 / 87

中小科技型企业知识产权质押贷款试点 / 89

企业家天使投资联盟 / 90

技术创新 / 92

 "星光"中国芯工程 / 92

 "百度"网（baidu）/ 93

 第一个通信国际标准 / 94

 "五笔数码"汉字输入技术 / 96

 第一台网络计算机 / 97

 龙芯 CPU/ 97

 TH-ID 人脸和笔迹识别系统 / 98

 液体安全检查系统 / 99

 国家税收综合征管信息系统 / 100

 首款卫星直播数字电视接收芯片 / 101

 智能存储卡 / 103

 奥运电子门票查验服务系统 / 103

 爱国者移动存储王 / 105

曙光 5000A / 106

分布式变电站自动化系统 / 108

100 纳米高密度等离子刻蚀机和大角度
　离子注入机 / 109

高端彩色打印服务器系统 / 110

1000 千伏特高压工程 / 111

科兴公司系列疫苗 / 111

生物芯片 / 114

有机发光显示器（OLED）/ 115

第一组超导电缆 / 116

仁创生态砂基透水砖 / 117

12 英寸硅单晶抛光片 / 118

高性能稀土永磁材料 / 119

生物反应器 / 120

"神舟"载人航天飞船 / 122

北斗导航卫星 / 126

中关村国家自主创新示范区时期
（2009 年 3 月—　　）

企业先行先试改革试点 / 130

中关村国家自主创新示范区条例 / 140

"1+6"系列先行先试政策 / 142

建设人才特区 / 152

现代服务业综合试点 / 157

金种子工程 / 160

建设国家科技金融创新中心 / 161

国家知识产权服务业集聚发展试验区 / 163

新四条改革试点 / 164

设立中关村知识产权纠纷诉前调解中心 / 168

改革高端领军人才专业技术资格评定 / 169

创新型科技企业孵化器——车库咖啡 / 170

"一城三街" / 172

技术创新 / 175

汉王人脸通 / 175

击剑鹰眼裁判系统 / 176

国家人口宏观管理与决策信息系统 / 177

曙光高性能刀片服务器 / 178

宽带无线接入国际标准 / 179

云计算服务器 / 179

IEEE 1888 国际标准 / 180

小米手机 / 181

新一代高清制作网络系统 / 182

大规模数字影像技术应用 / 182

3C 领域首个完整 ISO 国际标准体系 / 183

拉卡拉手机刷卡器 / 184

3D 打印技术 / 185

收视数据实时采集分析系统 / 186

65 英寸 OGS 触控显示屏 / 187

"零背板"交换机 / 188

35 千伏和 220 千伏超导限流器 / 188

数控桥式龙门五轴车铣复合机床 / 190

65 纳米大角度离子注入机 / 191

北京牌电动汽车 / 192

曲轴磨削成套装备 / 193

数字喷墨制版系统 / 195

止血新药"苏灵" / 196

多靶向抗肺癌新药"恩妥宾" / 196

脑起搏器 / 197

肠道病毒 71 型灭活疫苗 / 198

石油开采透油阻水选择性支撑剂 / 199

石墨烯节能改进剂"碳威" / 200

华锐海上风力发电机组 / 201

德青源沼气发电厂 / 202

核电站数字化仪控系统 / 203

"嫦娥二号"卫星 / 204

中国首个"太空摆渡车" / 205

滴滴出行 / 206

TD220 无人直升机 / 207

百度人工智能 / 208

ofo 共享单车 / 210

智能机器人 / 210

二维码移动支付 / 211

参考书目 / 213

后　记 / 215

由来与沿革

相传，数百年前中关村所在的位置曾经是永定河故道，周围是一片沼泽，被当地人称为"中湾"。明、清时期，这里是宫内太监养老送终之地，所以村中土地中，坟地面积约占30%。1949年前，中关村只是北京西郊的一个自然村落，仅70户276人，以经营农业为主。

中华人民共和国成立后，政府在这里投入上百亿元的科技教育资金，使中关村成为全国科研机构、高等院校和人才密集的区域。据统计，20世纪80年代中期，中关村地区聚集了以中国科学院所属科研院所为代表的各类科研机构138所，以北京大学、清华大学为代表的高等院校50所；有科技人员8万余人，其中有高级职称的占1/3；每年在校大学生和研究生10万人，大学毕业生2万人。这里有一流的实验研究设备，有包括自然科学和社会科学各领域的各类专业1000余个，每年产出的科研成果数以千计，其中有些成果已达到世界先进水平。中关村已成为中国智力最密集、最具创新活力的地区，具备了成为国家科技创新中心的基本要素和形成创新文化的基本条件（人才、技术、信息、环境）。

20世纪70年代末，中国结束了"文化大革命"，开始了改革开放的伟大的社会变革。在1987年召开的全国科学大会上，邓小平强调"科学技术是生产力""知识分子是工人阶级的一部分"。中关村地区的广大科技人员从中感受到了"春天的来临"，重新燃起科技报国的热情。他们顺应历史潮流，率先大胆冲破传统思想观念、传统科研和经济体制的束缚，利用自身的科学技术知识和才能，开始了以市场需求为导向、创办民营科技企业的创新创业行动。

1980年10月，曾两次到美国硅谷考察的中国科学院物理研究所研究员陈春先等人，开办了北京等离子体先进技术服务部。这是中关村地区第一个由科技人员自主创办的、面向市场需求提供有偿技术服务的民营科技机构。陈春先的行动得到党中央的支持。与此同时，在一些创业先行者的带动下，中关村地区出现了更多由科技人员自主创办的和由高等院校、科研院所创办的科技企业。如四通公司、信通公司、京海公司、科海公司、联想公司等。到1987年年底，中关村地区有各类科技企业148家，集中分布在白颐路（2000年6月更名为"中关村大街"）、成府路和海淀路一带，被人们称为电子一条街。

在智力密集区或周边地带建立科技产业开发区，是20世纪60年代至70年代发达国家的成功做法。借鉴国外的经验，1985

年，中共中央《关于科学技术体制改革的决定》提出："为加快新兴产业的发展，要在全国选择若干智力密集的地区，采取特殊政策，初步形成具有不同特色的新型产业开发区。"中关村地区由于其智力密集的特点一直受到国家有关部门的关注。1984年6月，由国家计划委员会牵头组成了中关村开发规划办公室，起草了《中关村科技、教育、新兴产业开发规划纲要（汇报稿）》。1987年8月，国家科学技术委员会完成《北京中关村建立高技术开发区》的调研报告。1987年年底，新华社记者夏俊生撰写了4篇关于中关村电子一条街的调查报告，报告引起中共中央主要领导和国务院的关注，组成由中共中央办公厅牵头的7部门联合调查组赴中关村电子一条街进行调查。中央联合调查组根据调查，又一次提出了"把中关村地区作为我国科学工业园区（或新技术开发区）的试点"的建议。中共中央主要领导对调查报告作了批示，并将在中关村建立新技术开发区的建议提交中央财经领导小组讨论。1988年3月7日，中央财经领导小组开会讨论，认为北京中关村电子一条街兴办高技术产业的经验值得重视，同意在中关村地区试办高科技产业开发区。1988年5月20日，经国务院批准，北京市人民政府发布了《北京市新技术产业开发试验区暂行条例》（简称《北京试验区暂行条例》）。《北京试验区暂行条例》规定，以中关村地区为中心，在北京市海淀区划出100平方公里左右的区域，建立外向型、开放型的新技术产业开发试验区。北京市新技术产业开发试验区内注册的高新技术企业可以享受《北京试验区暂行条例》所规定的国家各项优惠政策。由此，中国第一个国家级高新技术产业开发区正式成立。1994年，经国家科委批准，第一次调整了北京市新技术产业开发试验区的政策区域范围，将丰台区和昌平区各5平方公里的区域纳入北京市新技术产业开发试验区政策区域范围，分别命名为丰台园、昌平园。同时相应调减北京市新技术产业开发试验区范围内不可开发的用地，政策区域范围100平方公里总面积保持不变。1999年1月，经国家科委批准，第二次调整了北京市新技术产业开发试验区政策区域范围，将朝阳区酒仙桥地区的电子城10.5平方公里和北京经济技术开发区7平方公里的区域纳入试验区政策区域范围，分别命名为电子城科技园和亦庄科技园。同时再次调减北京市新技术产业开发试验区内不可开发的用地，政策区域范围100平方公里的总面积保持不变。至此，北京市新技术产业开发试验区形成了包括海淀园、丰台园、昌平园、电子城和亦庄园的"一区五园"的空间格局。

20世纪90年代末，面对全球科技经济新一轮的竞争浪潮和知识经济时代的来临，建设国家创新工程的议题被提到国家战略决策层面。北京试验区经历了10年发展也积累了一定的实力和经验。经过酝酿，1999年5月，北京市人民政府和科学技术部向国务院报送了《关于实施科教兴国战略加快建设中关村科技园的请示》，提出了中关村科技园区的战略定位，即"推动科教兴国战略、实现两个根本性转变的综合改革试验区，具有国际竞争力的国家科技创新示范基地，立足首都、面向全国的科技成果孵化和辐射基地，高素质创新人才培养基地"，并提出了中关村科技园区的建设规划和措施。6月5日,国务院做出了《关于建设中关村科技园区有关问题的批复》,原则同意以上《请示》中关于加快建设中关村科技园区的意见和关于中关村科技园区的发展规划。当年8月,北京市新技术产业开发试验区更名为中关村科技园区。2001年6月,经科学技术部批准,第三次调整了中关村科技园区政策区域范围,新增位于西城区的德胜园和位于朝阳区的健翔园,调成中关村科技园区内不可开发的用地,100平方公里政策区域范围保持不变,形成了"一区七园"的空间格局。2006年1月17日,经国务院批准,国家发展改革委发布《公告》,确定中关村科技园区的面积为232.52平方公里。《公告》指出,中关村科技园区规划用地范围内的高新技术企业,主要为电子信息、光机电一体化、新材料、新能源及高效节能、生物医药与医疗器械等产业。其间,石景山园、雍和园、通州园和大兴生物医药产业基地等4个新的分园挂牌成立,健翔园并入电子城。同年12月,国土资源部发布《公告》,确定了中关村科技园区各园的四至边界范围。至此,中关村科技园区形成了包括海淀园、丰台园、昌平园、电子城、亦庄园、德胜园、石景山园、雍和园、通州园和大兴生物医药产业基地"一区十园"的空间格局。

2007年10月,党的十七大把提高自主创新能力,建设创新型国家作为国家发展战略的核心和提高综合国力的关键。同时,从1988年国务院批准成立北京市新技术产业开发区以来的20年来,中关村取得了令人瞩目的成就,在信息、网络通信、生物工程、环境、新能源等领域拥有了一大批具有自主知识产权的新技术、新产品。初步具备了有利于科技创新的技术环境、人才环境、体制环境,为自主创新示范区建设奠定了坚实的基础。为此,2009年3月13日,国务院对科技部、北京市政府上报的《关于支持中关村科技园区建设国家自主创新示范区若干建议的请示》做出批复,同意中关村科技园区建设国家自主创新示范区,要求中关村做强做大一批具有全球影响力的创新型企业,培育一批国际知名品牌,全面提高中关村科技园区自主创新和辐射带动能力,推动中关村科技园区的科技发展和创新,在21世纪前20年再上一个新台阶,把中关村科技园区建设成为具有全球影响力的科技创新中心。2011年1月26日,国务院印发《关于中关村国家自主创新示范区发展纲要(2011—2020年)的批复》,做出"原则同意"的批复。随后,国家发展改革委员会印发了该《规划纲要》,

中关村软件园

这标志着中关村示范区的发展已上升为国家战略。2012年10月13日，国务院印发《关于同意调整中关村国家自主创新示范区空间规模和布局的批复》，原则同意对中关村国家自主创新示范区空间规模和布局进行调整。调整后，中关村示范区空间规模由232.52平方公里扩展为488平方公里，形成包括海淀园、昌平园、顺义园、大兴—亦庄园、房山园、通州园、东城园、西城园、朝阳园、丰台园、石景山园、门头沟园、平谷园、怀柔园、密云园、延庆园"一区十六园"的发展新格局。

据统计，2015年，中关村示范区企业总数达16693家；年末从业人员2308111人；企业总收入达4.08万亿元，占全国高新技术产业开发区总收入的16.1%。2015年，中关村示范区工业总产值9561.7亿元，进出口总额879.0亿美元，实缴税费2035.7亿元，利润总额3404.9亿元，资产总计76210.7亿元；增加值5557.4亿元，

电子一条街时期
（1980年10月—1988年4月）

　　这一时期，中关村科技人员顺应历史潮流，率先大胆冲破传统思想观念、传统科研和经济体制的束缚，利用自身的科学技术知识和才能，开始了以市场需求为导向，创办民营科技企业的创新创业行动。民营科技企业实行了以"自筹资金、自由组合、自主经营、自负盈亏"为代表的一系列企业经营管理制度的试验探索，使企业成为独立的市场主体。与此同时，中关村地区的高等院校、科研院所在科技人员、科技企业的管理制度上进行了改革。如中科院实行"一院两制"，即在中科院内实行科学研究管理和创办科技企业两种管理制度等。

　　这一时期，中关村的技术和产品创新主要集中在电子信息领域。研制成功了联想汉卡，为华人解决了在电脑中使用汉字

中关村电子一条街

的难题,推动了微型计算机在中国的普及和应用。四通公司的MS-2400中文电子打字机面世,把微机的中文输入输出变为现实。汉王科技公司研发的"汉王联机手写识别方法与系统"开创了非键盘输入的人机智能交互新领域。北京大学新技术公司(方正集团前身)在王选带领下,推出激光汉字编辑排版系统——华光系统,使汉字印刷告别了火和铅的时代,给中文出版印刷行业带来了一次革命性的变革。北京三环新材料高技术公司研制成功具有中国特色的低纯度钕稀土铁硼永磁合金,并全面解决了大规模工业生产中整套关键技术、工艺和设备。

科技人员率先"下海"创业

第一个自主创业的科技企业 1980年10月23日,中科院物理研究所研究员陈春先与6名中科院科技人员一起成立了北京等离子体学会先进技术发展服务部,开创了科技人员自主创办民营科技企业的先河。陈春先成为中关村自主创业的第一人。服务部实行"不要国家编制,不要国家投资,自筹资金,自负盈亏,自担风险"。内部分工、管理按企业模式运作。服务部成立后,承接了难度较高的长脉冲电源、高压火花间隙性开关、激光仪器等项目;协助海淀区劳动服务公司知青社建立了4个集体企业;

中关村第一家民营科技机构创始人——陈春先(右)

承接了海淀锅炉厂技术设计改造工程；和海淀区培训中心合作，举办了电子技术、科学仪器设备、电子计算机应用、工业与民用建筑培训班等。在改革开放初期，陈春先的这种面向社会需求提供有偿技术服务、推进技术扩散的行动，被看作"科技人员经商"的行为不仅引发了很多争议，而且行进艰难。陈春先创办服务部极其艰难的状况通过新华社记者周鸿书反映到中共中央领导部门后，得到时任中共中央总书记胡耀邦等4位中央领导的重视，认为这是走出了一条把科技成果转化为直接生产力的新路。在京的各大媒体也连续进行了正面报道。之后，中关村地区又有不少科技人员，有的辞去公职、有的停薪留职、有的兼职、有的接受原单位的指派等，通过创办民营科技企业的方式探索科技成果转化为生产力的有效途径。中关村电子一条街由此兴起。

中科院"一院两制"

1983年3月，中国科学院（简称"中科院"）为贯彻执行中共中央关于"经济建设必须依靠科学技术，科学技术工作必须面向经济建设"的方针，设立了"中国科学院科技咨询开发服务部"，专司科研成果推广应用工作。1984年初，为落实中共中央书记处要求中科院"大力加强应用研究"的指示，中科院拟定了向书记处和国务院有关领导汇报的《关于改革问题的汇报提纲》。

该《提纲》提出的改革设想的核心内容是围绕扩大研究所自主权，支持和鼓励更多的科技人员直接投身到社会主义现代化建设的实践中去，并首次以文件形式，提出兴办高新技术开发公司。1986年11月，中科院印发《中国科学院新技术开发公司开办与管理的暂行规定》和《关于新技术开发公司与院、所关系有关事项的决定》，首次将"一院两制"（即院内的计划体制和院属单位创办企业的市场体制）写进文件，重点解决市场化的技术开发公司与计划体制内研究所之间在体制上的矛盾。1987年3月，中科院院长周光召在中国科学院工作会议上明确提出"有重点地支持一批新技术开发公司（集团）或联合体，争取产品逐步进入国际市场"是中科院1987年的主要任务之一。从此，中科院出现了创办公司的热潮。以中科院作为股东与社会资本相结合的科技公司开始涌现，其中包括"两通两海"中的"信通""科海"和"联想"

联想集团旧址（1984年）

前身"计算所新技术公司",以及希望公司、三环新材料公司等。中科院的"一院两制"为院属公司的成长起到了催化作用,使企业的所有权与经营权得以分离,发展与管理有章可循,企业有了灵活自主的经营机制。同时,"一院两制"促使中关村诞生了中国最强大的计算机企业群。这些公司和从业人员成为后来中关村的脊梁。截至1987年,中科院在中关村各研究所的科技人员以不同形式创办科技企业数量占当时"电子一条街"企业的1/3,人数占到总数的近50%。

中关村企业经营管理理念

"四自原则" 1982年12月,北京京海计算机机房技术开发公司成立。针对计划经济条件下企业经营管理实行"资金靠拨款、人员靠编制、经营靠上级、盈亏靠政府"的"四靠原则",该公司实行科研、工程、技贸和生产相结合和"自筹资金、自愿组合、自主经营、自负盈亏"的机制。而后,1984年5月,中科院计算中心工程师万润南、中科院计划局工程师沈国钧等科技人员和海淀区四季青乡联合创办四通新兴产业公司,注册为集体企业。在创建过程中几位科技人员就提出,他们是以个人身份与四季青乡合作,不以各自原单位的名义出现。打破原单位任何条条框框的约束,也不照搬乡镇企业的经营机制。采取了"自筹资金、自由组合、自主经营、自负盈亏"的民营机制,即"四自原则"。

"技工贸一体化"的经营理念　在计划经济体制下,科技与经济脱节的现象十分严重。为突破科技与经济间的"两张皮"现象,中关村科技企业率先提出"技工贸一体化"的思路,企业以市场为导向,以经济效益为核心,以科技进步为保证。1983年4月15日,陈春先在中关村创办了北京市华夏新技术开发研究所(简称"华夏所")。华夏所作为独立核算、自负盈亏的集体所有制事业单位,实行理事会领导下的所长负责制,对外有经营自主权。在华夏所的下面成立了以中试为主的华夏电器厂,以技术贸易为主的北京市华夏电器技术服务部。华夏所成立一年时间,完成了15项国家计划外的技术项目开发。他们研制的ESS1型快速储能烙铁,是国家空缺产品;研制成功的DLH25型电缆查漏仪及信号发生器,转让给一家无线电厂,创产值60多万元;并在工业自动化、智能仪表、高精度恒流恒压源、等离子体技术、计算机应用等多方面开展了应用研究和开发。1984年,四通公司成立不久,就组织几位科技人员对引进的打印机进行二次开发,攻克技术难关,开发了M2024打印机,1985年又开发出M1570七色打印机;自1986年起推出MS2400系列中英文打字机,国内市场占有率达到85%。1985年,四通公司又在中关村开办了一间电子元器件门市部,销售4500余种电子元器件,日营业额一度高达30多万元。

聘用合同制　为打破企业用人制度的"铁饭碗"和分配中的"平均主义",1988年,清华大学科技开发总公司实行了"能进能出"的用工制度和"能升能降"的分配制度。公司是全民所有制企业,

中关村第一家电子市场——四海市场（20世纪80年代初）

人员编制构成为三部分：原清华大学的事业编制、总公司企业编制（人事关系在海淀区人才交流中心）和少量集体所有制编制。无论哪一种编制，一律实行聘用合同制，没有"铁饭碗"。（至1991年底，公司共招聘各类人员270名，解聘或辞退20人。）公司成立的第一年实行了奖金与经济效益挂钩的分配制度，以后逐年完善，逐步实行了奖金、福利、岗位工资、浮动津贴等各项分配全方位与经济效益挂钩的制度，合理而明显地拉开了员工收入差距。

区领导"碰头会"

1983年至1987年间，中共海淀区委两任书记贾春旺、张福森为支持科技人员创办企业，运用区委区政府部分领导"碰头会"

的形式，不作会议记录，不下文件，一事一议，随时研究解决科技企业所遇到的困难。一是决定科技企业可享受知识青年劳动服务企业的优惠政策，免3年所得税，对企业员工中知识青年的比例（按规定必须达60%）灵活掌握。二是通过区领导出面协调，从区属单位借给华夏所10万元，为科海公司提供10万元，作为科技企业的创办经费；经与银行协商，利用银行贷款计划的余额，为科技企业解决资金问题。从1983年到1987年底，有26家科技企业从农业银行海淀支行贷款近3亿元，从工商银行海淀分理处贷款5.3亿元，个别企业遇到资金困难，区领导直接与较富裕的乡协商，或借钱支持，或联合办企业，优势互补。三是经与市物价部门请示、协调，把科技企业经销二次开发的机电产品加价率从原规定的12%放宽到20%。四是区领导和区有关部门与中关村沿街的有房业主（区属国有公司、工厂等）协调，或租，或借，或联营，支持科技企业解决办公用房问题。五是解决科技人员的后顾之忧，由区人事局办理调人手续，存放档案，保持辞职科技人员的连续工龄等。另外，为方便企业对外交往，区工商局破例允许科技企业简化名称，可以不冠以"海淀区"；同时减少办照手续的中间环节，绝大多数企业无特殊情况可在一个月内办完审批注册手续。这些灵活方式，既避免与现行政策的冲突，又实事求是地帮助科技企业解决初创时期的困难。

技术创新

激光汉字编辑排版系统

1981年7月8日，由北京大学王选主持研制的中国第一台计算机激光汉字照排系统原理性样机（华光Ⅰ型）通过国家计算机工业总局和教育部联合组织的鉴定。该系统既有整批处理、排版规范美观的优点，又有方便易学的长处，成为国内唯一的具有国产化软、硬件的印刷设备。它的诞生，使汉字印刷告别火和铅，

计算机激光汉字编排版系统获国家科学技术进步奖一等奖

给出版印刷行业带来了一次革命性的变革。1987年7月，华光型计算机——激光汉字编排版系统获国家科学技术进步奖一等奖。1988年，北京大学新技术公司（方正集团前身）正式投向市场后，又相继推出华光Ⅲ型机、Ⅳ型机、方正91型机。

"五笔字型"输入法

1983年8月，由王永民发明的"五笔字型"汉字输入编码通过鉴定。"五笔字型"完全依据笔画和字形特征对汉字进行编码，是典型的形码输入法。"五笔字型"输入法相对拼音输入法具有低重码率的特点，熟练后可快速输入汉字。该成果首创"汉字字根周期表"，发明了25键4码高效汉字输入法和字词兼容技术，在世界上首破汉字输入电脑每分钟100字大关，打破了国外"汉字输入速度永远无法超越西文输入速度"的理论，成为中国及东南亚一些国家最常用的汉字输入法之一。（五笔字型自1983年诞生以来，先后推出3个版本：86五笔、98五笔和新世纪五笔。）

东方红通信卫星

1970年4月，中国第一颗人造地球卫星——"东方红一号"发射成功后，为了让通信卫星真正落实到实用，中国空间技术研究院以孙家栋、戚发轫等为代表的航天科技人员，树立"要完全依靠自己的力量，研制出中国人自己的通信卫星"的信念，历经

9年攻坚克难，最终研制成功"东方红二号"通信卫星。

1984年4月8日，由中国空间技术研究院研制的"东方红二号"试验卫星发射升空。这是中国第一颗地球静止轨道通信卫星，星上配置2个C波段转发器，可每天24小时进行全天候通信，包括电话、电视和广播等各项通信试验。1986年2月1日，中国空间技术研究院研制的"东方红二号"通信卫星发射成功。该卫星采用地球同步轨道，分别定位于东经87.5度、东经110.5度和东经98度等处，能覆盖中国全境及周围一些地区。东方红通信卫星的投入使用，开启了中国卫星通信的历史。

1986年2月1日，"东方红二号"通信卫星发射成功

限于当时电子元器件研制、材料科学研究的技术水平，"东方红二号"卫星的载荷小、寿命短，卫星的C波段转发器只有2路。从1986年开始，中国空间技术研究院又投入"东方红三号"卫星的研制。科研人员历经11年的努力，先后解决上百个技术难点，啃下10余项"硬骨头"课题，经历了首颗卫星发射失败的阵痛，于1997年5月12日，成功发射了"东方红三号"卫星，使其准确进入预定轨道。"东方红三号"卫星装有24路C波段转发器，

能同时转发 15000 路双向电话和 6 路移动电视，卫星性能达到国际 20 世纪 80 年代末先进水平。

低纯度钕稀土铁硼永磁材料

1984 年 4 月，中国科学院三环新材料研究开发公司成立（1993 年更名为"北京三环新材料高技术公司"）。该公司的王震西、曹用景、姚宇良等人合作研制成功了第一块磁能积（BH）达到 38 兆高奥（MGOe）的钕稀土铁硼永磁材料。当年 6 月，磁能积高达 41 兆高奥的低纯度钕稀土铁硼永磁研制成功。通过该成果的研制，探索出一条工艺简便，适于国内生产，具有自己特色的新路子，并很快推广到工厂生产。1985 年后，公司迅速形成了百吨级的钕稀土铁硼永磁材料生产能力，产品当年就进入了国

1983年底，"低纯度钕稀土铁硼永磁材料"研制成功

际市场，新增产值 3000 万元，创汇 300 多万美元，成为继美国、日本之后，国际上第三家钕稀土铁硼永磁材料的生产国和供应地。该成果获 1988 年度国家科学技术进步奖一等奖。

汉王形变连笔的手写识别方法与系统

1985 年 3 月，北京汉王科技有限公司刘迎建、戴汝为、李明敬等研发了全球第一台"联机手写汉字识别在线装置"，即汉王联机手写汉字识别系统。该方法把汉字分为笔段、笔画、字根、单字和词组 5 个层次，分别用模糊属性文法进行描述，以启发式模板引导匹配。该系统采用了对笔段进行基于位置关系的排序方法，创造了新型笔顺识别技术，摆脱了对笔顺的依赖。识别

"汉王形变连笔的手写识别方法与系统"获国家科学技术进步奖一等奖

汉字可达到 6763~12000 字。对于手写正楷汉字，熟练用户的识别率可达 95% 以上。可接受的输入速度是 30~50 字 / 分钟，达到手写输入速度与计算机识别速度同步。汉王公司开发出中文和繁体、韩文、日文 3 个语种的识别软件，其中中文简体版，可识别简体国标 GB 2312 二级 6763 个简体字，繁体一级 5401 个汉字，

香港异体字790个，大陆异体字、简化字共13000多个。其高性能的识别技术，形成汉王笔大将军、汉王笔大司马、汉王笔中书令、汉王笔小金刚、汉王OCR识别系统、指纹识别系统等20多种系列产品。该系统开创了非键盘输入的人机智能交互新领域。该项成果获2001年度国家科学技术进步奖一等奖。

联想汉卡

1985年4月，中科院计算机所新技术发展公司（联想集团前身）倪光南等研制成功的联想汉卡（全称是"联想式汉字微型机系统LX-PC"）产品开始投放市场。该系统由联想式汉卡、联想式汉字环境软件（LXPCPLUS）、汉字实用程序（FAX传真通信卡、网络适配器等）等构成。这款汉卡是由多块集成电路组成的一个插件，具有联想功能，当输入一个汉字时，屏幕上即可显

1985年4月，中科院计算机公司研制成功联想汉卡

示出与该字有关的词和词组供选择；汉卡上没有的词组，可根据需要自造词组输入并保存；汉卡支持汉语拼音、区位、五笔字型等10余种汉字编码输入方式及各种图符，实现了画图、制表等功能。该系统中西文兼容技术和图文兼容技术具有独创性，实现了一个汉字系统在各项性能指标方面和同类西文系统相同，具备了完善的汉字输入、输出、网络、通信、联机、传真等功能，并具有丰富的软件集。进口计算机安装上它可以实现拼音、区位、五笔字型等多种汉字输入，灵活地处理中文信息。进入20世纪90年代后，联想集团又开发出联想汉卡新产品，主要有ASIC卡、CSVGA卡、MMC卡等，可安装在联想系列微机及PV/AT、286、386、486微机和EISA总线的微机上（包括国产和进口微机）。联想汉卡获1988年度国家科学技术进步奖。

四通打字机

1986年5月16日，由四通公司王辑志研发的MS-2400中

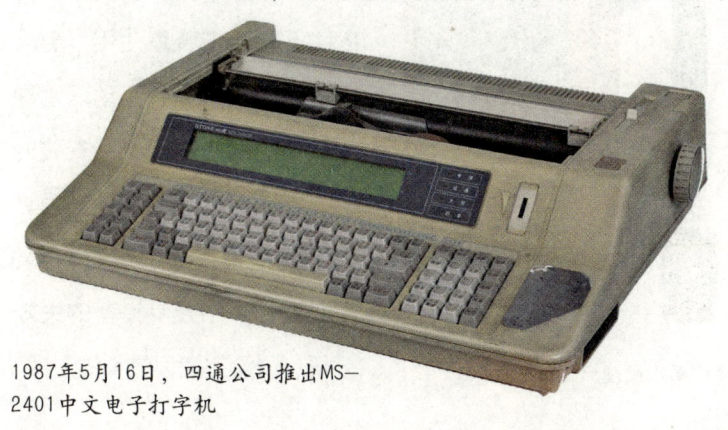

1987年5月16日，四通公司推出MS—2401中文电子打字机

文电子打字机正式面世。是年，MS-2400 中外文字处理机销售达到上万台，使四通公司销售额首次突破亿元大关。1987 年 5 月 16 日，该公司又推出 MS-2401 中文电子打字机，基本实现了 Word Star 的所有功能。该打字机的面世，使微机的中文输入、输出变为现实，解决了微机的中文处理的问题。

时代里氏硬度计

1986 年，时代集团研制出第一代自主知识产权的产品——时代里氏硬度计，填补了国内空白。该产品是一种新型的硬度测试仪器，是根据新的里氏（Dietmar Leeb）硬度测试原理，利用微处理器技术设计而成，具有测试精度高、体积小、操作容易、携带方便、测量范围宽的特点。一台主机可配备 7 种不同冲击装置使用，更换时不需重新校准，自动识别冲击装置类型。适用于已安装的机械或永久性组装部件、模具型腔、重型工件、压力容器、汽轮发电机组及其设备的失效分析、试验空间很狭小的工件、

时代里氏硬度计

中关村科贸中心（1988年）

轴承及其他零件硬度测量，还包括要求对测试结果有正规的原始记录、金属材料仓库的材料区分、大型工件大范围内多处测量部位的快速检验。时代里氏硬度计受到用户的欢迎，占领了90％的国内市场份额和50％的国外市场份额。

北京市新技术产业开发试验区时期
（1988年5月—1999年5月）

这一时期，经国务院批准，北京市政府发布了《北京市新技术产业开发试验区暂行条例》（简称《条例》），中国第一个国家级高新技术产业开发区正式成立。《条例》打破了按照企业所有制性质分别制定管理规则和优惠政策的局限，对所有企业不分国营、集体和私营，实行统一的管理制度和包括企业所得税政策在内的优惠政策，使各所有制企业有了公平发展的基础。探索市场经济体制下政企分开的政府管理模式，实施土地有偿使用，改革有关企业财务会计制度、统计制度。通过实施财政返还政策，支持高新技术企业发展。按照高新技术企业发展的规律和科技企业创业者的要求，开始探索产权激励制度的改革。

这一时期，科技人员积极投身改革和创业创新发展主战场，解决了大批关键科技问题，取得了一批重要的创新成果：联想

中关村西区旧貌——原海淀镇（1999年）

集团研制成功"联想EISA486/50微机"及测试系统；中科院计算技术研究所研制的"曙光1000"大规模并行计算机系统，其运算速度达到每秒15.8亿次；北京中科大洋科技发展股份有限公司建成全球第一个非线性新闻制播网络系统，将广电行业推向数字化、网络化时代；"用友"软件开创了中国财务软件商品化、社会化、专业化的先河；北大维信生物科技有限公司采用现代生物技术与祖国传统医药相结合的方法研制成功"血脂康胶囊"，可以和世界一线的调脂药相媲美；北京有色金属研究总院等研制成功的我国第一根由铋系高温超导材料制成的输电电缆，极大地推进了我国超导技术的实用化进程。

第一个国家级高新技术产业开发区

1988年2月15日,北京市科委、海淀区委区政府根据中央联合调查组的调查情况,联合起草了《关于在中关村地区成立北京新技术开发试验区的报告》,并报送市委和市政府。2月28日,国家科委、北京市政府在上述报告的基础上,向国务院呈送了《关于在中关村地区建立北京市新技术产业开发试验区的请示报告》。1988年3月7日,中央财经领导小组在中南海召开会议。会议一致赞成国家科委、北京市政府《请示报告》提出的建议,同意建立中关村科技工业园区。会议认为,"在科技力量密集的地区兴办高科技产业开发区,是发展高技术产业的可行办法。可先集中力量搞两三个试点,不要一下子搞得很多,北京'中关村电子一条街'兴办高技术产业的经验值得重视。要在总结他们经验的基础上,制定一个建立高科技产业开发区的条例,研究、解决好有关政策问题。关于在中关村试办高科技产业开发区问题,委托北京市为主,科委、科学院、教委等有关单位研究后,提出具体扶持其健康发展的方案。财政、税收、银行等有关部门要大力支持,开绿灯,减少扯皮"。经国务院批准,北京市政府决定,以中关村地区为中心,在北京市海淀区划出100平方公里左右的区域为北京市新技术产业开发试验区的政策区范围。这是一个政策区，在政策区内注册的高新技术企业可以享受《北京市新技术产业开发试验区暂行条例》所规定的各项优惠政策。1994年4月，国家科委批复同意在保持北京市新技术产业开发试验区100平方公里总有效面积不变的基础上，扣除试验区中无法开发利用的面积，将丰台科技园区、昌平科技园区各5平方公里，调整划入试验区范围。1999年1月，经科技部批准，第二次对北京市新技术产业开发试验区调整区域范围，将北京电子城老工业基地整个规划范围（10.5平方公里）和北京经济技术开发区东部7平方公里划入北京高新技术产业开发试验区，形成了"一区五园"的格局。首创国内高新技术产业开发区突破行政区划的格局，建立"一区多园"政策区的发展模式。

首个高新技术产业开发区法规

1988年5月20日，经国务院批准，北京市政府印发《北京市新技术产业开发试验区暂行条例》（简称《试验区暂行条例》）。这是国内第一个关于高新技术开发区的地方法规。《试验区暂行条例》规定，对试验区的新技术企业在所得税减免、基本建设、进出口管理等方面实行优惠。对园区的新技术企业减按15%税率征收所得税，且自企业开办之日起前3年免征企业所得税，第四年至第六年减半征收企业所得税；企业出口产品的产值达到当年总产值40%以上的,经税务部门核定,减按10%税率征收所得税;试验区新技术企业经北京市政府批准,可免购国家重点建设债券;以自筹资金新建的技术开发生产、经营性用房,自1988年起,5年内免征建筑税;试验区内的新技术企业生产出口产品所需的进口原材料和零部件,免领进口许可证,海关凭合同和北京市人民政府指定部门的批准文件验收。经海关批准,在试验区内可以设立保税仓库、保税工厂。海关按照进料加工,对进口的原材料和零部件进行监督;按实际加工出口数量,免征进口关税和进口环节产品税或增值税。出口产品免征出口关税;新技术企业用于新技术开发、进口国内不能生产的仪器和设备,凭审批部门的批准文件,经海关审核后,5年内免征进口关税。试验区内设立的外商投资企业符合新技术企业标准的,适用以上减征或免征税收的优惠。试验区内新技术企业所缴各项税款,以1987年税款为基数,新增部分5年内全部返还给海淀区,用于试验区的开发建设。试验区内新技术企业的生产、经营性基本建设项目,按照统一规划安排建设,不纳入固定资产投资规模,并简化审批手续,优先安排施工。银行对试验区内的新技术企业予以贷款支持,并每年从收回的技术改造贷款中,划出一定数额用于新技术开发。对外向型的新技术开发,优先提供外汇贷款;自本条例实施起3年内,银行每年提供一定数额的专项贷款,用于试验区内新技术企业的发展和建设(包括基本建设),专款专用,由银行周转使用。银行每年给试验区安排长期债券的一定数额,用于向社会筹集资金,支持新技术开发;新技术企业所用贷款,经税务部门批准,可以税前还贷。使用贷款进行基本建设的，不受存足半年才能使用等规定的限制。试验区内可设立中外合资的风险投资公司。新技术企业出口所创外汇，3年内全部留给企业；从第四年起，地方和创汇企业二八分成。试验区内的新企业，用于新技术和新技术产品开发的仪器设备，可以实行快速折旧，试验区内的高新技术企业，免缴奖金税。《试验区暂行条例》规定，所有减免的税款，作为"国家扶植基金"，由企业专项用于新技术开发和生产的发展，不得用于集体福利和职工分配。试验区内的新技术企业，用于新技术和新技术产品开发的仪器、设备，可以实行快速折旧。《试验区暂行条例》还规定了企业可实行快速折旧；经营国家没有统一定价的新技术产品，可以自行定价；商务、技术人员一年内多次出国的，第一次由北京市人民政府审批，以后由企业自行审批；

1988年5月20日，《试验区暂行条例》发布

有条件的新技术企业，由北京市人民政府授予外贸经营权，自负盈亏，承担出口计划，经国家有关部门批准，可以在国外设立分支机构。允许新技术企业招聘大专毕业生、大学毕业生、研究生、留学生和国外专家等。

首次公开招聘公务人员

1988年5月24日，海淀区政府在《北京日报》《北京晚报》刊登《北京市新技术产业开发试验区招聘工作人员启事》，面向北京地区各级国家机关、企事业单位的公职人员，社会非在职人员公开招聘包括试验区办公室主任、副主任等岗位在内的50名工作人员。与此同时，海淀区政府还向北京市各大单位、中央、市委市政府各部门、各区县通报了公开招聘信息。招聘信息公开后，报名十分踊跃，几天时间就有1500余人报名应聘。6月12日，由北京市副市长陆宇澄主持，招聘领导小组对吴美蓉、徐国安、刘传富、胡昭广等4位应聘试验区办公室主任人选进行了面试。面试的问题主要有两个：一是为什么要应聘到试验区，二是到试验区后怎样开展工作。再经过综合考察、政审等环节，最终确定原北京市医药总公司副总经理胡昭广任试验区办公室主任。随后，又进行了试验区办公室副主任及以下人员的招聘工作。根据平等竞争、优化组合、择优录用的原则，经过层层筛选，通过面试和综合考察，最后选聘航天部信息统计处处长王思红、北京理工大学化工系总支副书记赵凤桐、海淀区科委主任胡定淮为试验区办公室副主任；选聘中科院地球物理所所长助理郑建中为试验区办公室副总工程师；并确定45名试验区办公室工作人员。这是北京市第一次面向社会公开招聘国家行政工作人员，是对传统政府公职人员任命制的突破。

首创财政返还

1988年，《北京市新技术产业开发试验区暂行条例》第十六条的规定："试验区内新技术企业所交各项税款，以1987年税款为基数，新增部分五年内全部返还给海淀区，用于试验区的开发建设。"返还方式是由海淀区财政局将新增税款按中央属、市属、区属分别汇总，上报北京市财政局审核。上缴中央级和市级金库的税额通过退库，在年终决算时拨给海淀区财政局。

1992年，北京市政府又将这一财政返还政策延长至1998年，财政返还基数调整为：园区内新技术企业缴纳中央级金库的新增税款不再返还；缴入市级金库的新增税款，全部返还海淀区。1998年，市财政局又规定，凡在北京市新技术产业开发试验区内（包括海淀试验区、丰台园区、昌平园区）经市科委认定的高新技术企业所缴入市级金库的税款，市财政每年按50%比例返还科技园区管理机构。该政策执行到 1999 年终止。这是国内首次由政府通过实施税收返还支持高新技术产业开发区的发展。

1989 年，中关村高新技术产业开发试验区办公室从税收返回款中拨出 500 万元设立了财政周转金，以借款方式解决了试验区里一批创业企业资金周转的困难。据不完全统计，自 1989 年至 1995 年，试验区财政周转金累计向企业发放借款 4.5 亿元，受益企业达 200 余家，其中约 150 家企业因此生产经营规模扩大。这是在国家金融体制尚未实施全面改革的前提下，采取的非制度化措施，即用财政周转金的方式帮助企业解决融资难的问题。

创立高新技术企业财会制度

1988 年 7 月，北京市新技术开发试验区财政所通过调查研究，设计了一张涵盖企业必须依法上报的各种数据的统计报表，并根据企业采用"技工贸一体化"经营模式的实践，提出使用"技工贸总收入"这个新的经营统计指标。之后，组织专家进行论证，并听取国家和市政府财政部门的意见，得到各方面的好评。但当时权威部门很慎重，只同意试行，不签发推行。经过几年的实践，这项指标得到企业认同，也得到国家财政部、国家科技部等部门的认可，很快推广到在全国高新技术产业开发区。

1989 年至 1993 年，为解决北京市新技术产业开发试验区在企业信息采集和统计中"多头、多专业、多口径"问题，北京新技术产业开发试验区办公室改革统计制度，建立了适合新技术企业的统计方法和指标体系，实施"一套表统计制度"。这一套表包括：企业法人基本情况表，企业经营情况报表，企业财务状况报表，企业人力资源与劳动收入报表，企业科技活动报表，企业生产的主要产品报表，企业在科研项目和在开发项目报表，工业企业的原材料、能源的购进、消费及库存报表，跨区域经营的集团（总公司）及其下属企业的全口径报表。报表内容涵盖税务、工商、财务、劳动人事和科研开发等各方面所需数字。企业每月集中采集一次，实行月报制，只对试验区统计中心负责。统计中心负责综合分解应对多个上级政府部门上报。从1995年开始，试验区企业统计报表开始用软盘上报，后用光盘上报。1997年，北京市统计局在原报表体系中增加了一本《中关村科技园区统计制度》，"一套表制度"正式纳入北京市法制统计工作中。后来，科技部通过到中关村调研"一套表制度"，不仅为国务院审批设立国家级高新技术开发区提供了决策依据，而且将北京市新技术

北京市新技术产业开发试验区总部大楼

产业开发试验区的"一套表制度"列为国家级高新区的基本统计制度。

1991年1月1日起，北京市新技术产业试验区办公室打破计划体制中企业原有的39种不同的会计制度，制定了《新技术企业会计制度》，统一了试验区内不同行业、不同所有制企业的39种会计报表。新会计制度中，将"技工贸总收入、生产成本、科研开发成本"等列入企业会计科目，完整地记录了新技术企业科研开发的投入和产出；设置了企业研发形成的技术成果记入无形资产科目，予以资本化，并按照受益时间，分期摊入成本；实现固定资产折旧单循环，即企业通过折旧收回的资金在固定资产更新前，自动加入流动资金周转，不再采取专户存储、专款专用的双循环办法；设置了国家扶植基金科目，单独记录国家对新技术企业减免税的情况，利于减免税政策的严肃执行；设置收益汇总科目，将技工贸的收入、成本按配比结转利润，分别考核技工贸各自的毛利；用资产负债表取代资金平衡表，资产负债表适应新技术企业资金来源多渠道、资金运用技工贸一体化的特点，对补贴来源渠道的资金分别记录、反映、监督，以维护各方权益。1993年，该项会计制度经科技部、财政部批准，在国家推行财务通则和会计准则"两则"改革时公布的12套会计制度基础上，作为第十三套配套会计制度。

土地有偿使用

1992年3月28日，北京市政府召开"北京市新技术产业开发试验区土地使用权有偿出让转让新闻发布会"，宣布将占地181公顷的上地信息产业基地土地使用权，由政府土地管理部门出让给北京实创高科技发展总公司；实创公司有权实施土地使用权的有偿转让；获权转让的土地使用期限为50年。在发布会上，实创总公司与四通集团公司、时代公司、北大新技术公司、大庆石油进出口公司、英思泰克公司、天津开发区公司、机电部六所华科新技术开发公司等8家企业签署土地使用权有偿转让合同，这8家企业成为首批有偿获得土地使用权的、进驻上地基地进行自用生产经营用房建设的企业。为了加快审批速度，减少审批环节，由首都规划委员会、北京市规划局、实创总公司各派出一名干部组成"三人小组"。"三人小组"在上地现场办公，审批规划和建设项目。

尝试企业产权制度改革

1998年6月,四通集团提出引进MBO(Management Buy-out的缩写,意为管理层收购)模式。即由四通经营层融资收购四通产权,改变公司的所有者结构,进而掌握控股权,探索一条重组改制的新路。10月9日,四通集团职工代表大会做出成立职工持股会的决定,616名职工出资5100万元作为职工股,其中创业者、技术骨干和管理干部认购的比例超过职工股的一半;再由四通集团出资4900万元,共同于10月13日注册成立四通投资有限公司,其中四通职工持股会拥有51%的股权。11月,四通投资公司完成了对原四通集团所拥有的香港上市公司——四通电子公司控股权的收购,这部分资产包括四通集团从事电子电工产品分销的近乎全部业务和下属企业。之后,四通投资公司分批分期地私募扩股,并逐步购买四通集团原有资产,产权清晰的部分不断扩大,原终极产权不清晰的四通集团股权比例降低,实现了产权重组、产业重组、机制重组三位一体的战略目标。这是中关村企业通过引进国外经验,结合企业实际探索解决企业产权问题的新路。

1999年2月,北京市新技术产业开发试验区管委会与市科委、市工商局联合印发《关于推进北京市新技术产业开发试验区企业产权制度改革试点的指导意见》(简称《产权改革指导意见》)。《产权改革指导意见》承认企业骨干人员的智力投入、人力资本对企业发展的作用，调动并保护其积极性及相应的利益；以事实为依据，以法律、法规为准绳，妥善解决企业产权不清的问题；在产权界定基础上要按现代企业制度的要求，建立具有持续发展动力和自我约束能力的科学管理体制。对于有明确初始投资者的企业可根据实际情况在3种试点方式中任选一种。3种方式是：①建立对员工的利润分享制度。企业提取不高于35%的年利润，对主要技术、经营骨干和创业人员进行奖励，奖金不发给员工个人，而是以"应付奖励"形式计入公司对员工的负债，积累至3年后直接转为员工对公司的出资额（股份）。②企业于1994年以前结余积累的职工奖励基金、福利基金再投入形成的资产，经评估后作为股份分配给企业主要技术、经营骨干和职工。③对企业资产进行评估，将其无形资产（一般不超过净资产的35%）不超过60%的部分以个人股方式奖励给创业的主要技术、管理骨干和职工。

首个留学人员创业孵化器

1997年10月，北京市留学人员海淀创业园成立。它是一家专门为留学人员创业提供服务的科技企业孵化器，由北京市人力资源和社会保障局（原北京市人事局）与中关村科技园区海淀园创业服务中心共同创办。该园是北京市首家专门为吸引留学人员回国创业提供孵化服务所建立的留学人员创业园，旨在为初创型中小企业提供创业辅导，扶持企业快速成长；解决园内企业专业项目人才匮乏的问题，帮助企业引进高层次研究人才等。该创业园位于上地信息产业基地内，园区面积近5000平方米。入驻该创业园可享受如下优惠政策：1.留学人员在创业园享受北京市鼓励留学人员来京工作的政策和北京市吸引留学人员来京投资办企业的优惠政策。2.进驻创业园的企业可以享受试验区新技术企业的"三免三减半"的所得税优惠政策。即自企业创立之日起，第一年至第三年免征，第四年至第六年减半按7.5%征收，第七年之后，减按15%的税率征收所得税。3.创业园为留学人员创办企业提供低房租优惠，即在适当的营业开发用房面积内，第一年免收房租，第二年按市价的40%收取，第三年减按市价的70%收取房租。同时，创业园为入驻企业提供如下服务：协助办理境内临时居住证。提供工商注册、税务登记、新技术企业资格认证等一条龙服务。提供复印、打字、治安保卫、后勤等低成本服务。提供专业服务，包括法律咨询、专利信息、财务顾问、商务计划制订、信息交流、展览培训等。协助提供饮食、娱乐、健身及员工住房等社区服务。

"一站式"服务

1998年9月28日,中共海淀区委、海淀区政府组建海淀区人民政府企业服务中心,集中政府执法部门,一个窗口办事。首期入驻企业服务中心的有区工商分局、区国税局、区地税局、卫生防疫站、文化文物局、公安分局、环保局、区建委等8个与企业联系最多的职能部门的12个科室,实行办事程序、办事依据、办事时限、监督电话"四公开",形成了一站式服务中心的雏形,将投资人在设立企业过程中的"满城跑"变为了"一处办"。

1998年9月28日,北京市海淀区人民政府企业服务中心成立

技术创新

WPS 中文处理软件

1989年9月,金山软件股份公司的求伯君开发成功中文文字处理软件WPS(Word Processing System)1.0。1997年9月,金山软件公司推出国内第一个在Windows平台下运行的本土文字处理软件——WPS97。它是办公软件组合,里面包含WPS文字、WPS表格、WPS演示,相当于微软Office中的WORD、EXCEL和PPT。这是国内第一套中文文字处理软件,开创了计算机中文文字处理时代。

1997年9月,金山软件公司推出中文处理软件——WPS97

"用友"财务管理软件

1990年,用友公司推出三维立体电子报表处理系统,具有三维立体表处理功能的通用报表管理系统——UFO。该系统具有较强的文件管理、格式管理、数据处理、图表处理等功能,此外它还具有二次开发功能,从而大大提高了系统的适应性和可操作性。

1997年,用友公司推出了基于Windows 95/NT平台的全新32位管理型财务软件。系统从资金管理、费用控制、应收款管理、部门管理、项目管理到报表分析、资产分析、利润分析、现金流量分析、账龄分析等,为企业适应市场和内部管理需要提供了一系列的财务管理解决方案,使企业管理者很容易利用科学的方法对企业的财务状况和经营成果进行分析、评价和决策。

1998年6月,用友集团运用Java技术开发出B/S(浏览器/服务器)版财务及企业管理软件,这是我国第一套B/S版财务及企业管理软件。B/S通过Web服务器模式使企业管理系统全面建立在Internet/Intranel上,并解决了多平台互连及兼容性等技术问题,是更加适合企业级管理应用的技术解决方案。B/S客户端采用浏览器界面(browser),用户接口标准通用,操作界面一致,极大地增强了用户的可操作性,是财务及企业管理软件用户界面的最新趋向。B/S对客户端作了最大限度的简化,支持瘦客户机/nc,同时当企业对网络应用进行升级时,只需更新服务器端的软件,而不必更换客户端软件,减轻了系统维护与升级的成本与工作量,使用户的总体拥有成本(tco)大大降低。

1999年,用友集团推出中国最早的管理软件应用平台(UAP),该平台是用友管理软件的设计平台、项目实施平台,也是用友的商业开发伙伴开发增值应用、扩展其他应用的软件集成开发平台,还是客户进行二次开发、灵活应对经营管理的变化、不断丰富产品功能的客户化平台。

"用友"软件开创了中国财务软件商品化、社会化、专业化的先河,标志着我国财务管理软件产品与国际最新技术同步。

联想微机

1991年,联想集团的倪光南、张祖祥、李之文等研制成功"联想EISA486/50微机"。该微机采用了自行研制开发的包括主机板、扩展卡和1微米2万门超级大规模集成电路ASIC专用芯片及微机支撑软件等先进的开发手段和工艺技术,具有速度快、集成度高、第二级高速缓存可选、内存设置灵活简便等特点。在微机研制过程中,还自行设计开发了3个专用ASIC芯片(DLX-9000、TLX-9200、LX-

1993年11月,联想集团推出586微机

CG9001），使联想微机具有很高的性能价格比。1993年11月，联想集团又推出586微机。该机采用Intel公司的Pentium64位微处理器，与386、486微机完全兼容，但功能比486提高了3倍左右，可以与工作站或超小型机相比。联想486微机获1992年度国家科学技术进步奖一等奖。

第一件软件著作权

1992年5月1日，北京四通集团公司向机械电子工业部计算机软件登记办公室递交了软件著作权登记申请书，即该公司自主研发的"四通英汉电子字典"软件。6月15日，机械电子工业部计算机软件著作权登记办公室举行中国首次软件著作权登记证书颁发仪式，向北京四通集团公司等10项首批受理完毕的软件著作权人或法定代表颁发证书。北京四通集团公司获中国第一个软件著作权登记证书，登记号为920001。登记档案的记载为：该软件于1991年7月4日在北京市向社会公开，开始享有著作权。北京四通集团公司亦成为中关村地区第一家获得版权登记证书的高新技术企业。

首台激光打印机

1993年7月，联想集团研制的中国第一台具有直接中文处理能力的激光打印机LJ3A通过了中科院组织的新产品鉴定。该打印机中文打印速度较早期激光打印产品提高了10倍。除了联想自行设计和开发，并被国家技术监督局批准为国家标准字库的激打专用4套轮廓中文字库外，在这款产品上还应用了打印机内置多并口共享器、汉字激光打印机命令语言解释器等4项国家专利技术。该打印机终结中国没有自主设计制造激光打印机的历史。

方正彩色电子出版系统

1994年1月5日，国家新闻出版署宣布：由北京大学计算机研究所、北大方正集团公司王选、陈堃球、肖建国等完成高档彩色电子出版系统。该系统主要技术内容和特点为：研制了专用超大规模集成电路作为高速栅格图像处理器的核心部件，与Am29116微处理器结合，使汉字字形产生速度达到710字/秒（对于100乘以100电阵）；采用了王选的若干新专利，研制了第一个Post-Scricpt2系统；推出了世界上第一个基于局域网、文图合一处理的中文照排系统，并实现了稿件管理、光盘存档检索；1992年1月，方正彩色报纸系统在澳门日报社投入生产，每天出4~6个彩版，彩色照片与中文合一处理、编排和整页输出，在世界中文报业中属首次；1993年6月，集广告管理、计账、排版、自动组页于一体的分类广告系统投入生产性使用，这在世界中文报业中也属首次；1993年底，方正高档彩色系统用于精美彩色印品；系统配有约100万行C语言软件，包括批处理书刊排版软件、交互式报刊组版系统、多窗口集成排版软件、图形排版软件

1994年1月5日，方正高档彩色电子出版系统研制成功

HD、补字、校色、拼版软件等 20 余种，除中西文混排外，还有 13 种少数民族和东方语排版软件。该出版系统标志着外国公司独霸中国彩色印刷市场的历史宣告结束。该成果获 1995 年度国家科学技术进步奖一等奖。

"曙光 1000"

1995 年 5 月 11 日，由中科院计算技术研究所研制的"曙光 1000"大规模并行计算机系统通过了国家鉴定。该计算机系统首次采用 Mesh 网，首次研制成功 Wormhole 路由器芯片、基于消息传递的并行操作系统、实用的并行优化编译和并行文件系统，以及并行编程、调试工具环境。"曙光 1000"达到当时国内最高运算速度，实际速度超过每秒 10 亿次浮点运算，达到每秒15.8亿次。同时,在计算机研制过程中,自行研制的蛀洞(Wormhole)路由器芯片,采用异步和同步相结合的工作方式。它的并行优化编译器及工具被国际权威学者誉为世界上最优秀的几个系统之一。该成果获1997年度国家级科学技术进步奖一等奖。

1995年5月11日,"曙光1000"大规模并行计算机系统通过鉴定

"瀛海威"信息服务

1995年5月,为开通中关村地区民用互联网络,由张树新和姜作贤共同创办的瀛海威科技有限公司(1996年初更名为"瀛海威信息通讯有限公司",简称"瀛海威"),与中国科学院网络中心达成协议,在中关村南三街上,沿中科院院墙至瀛海威公司住所地之间,安装18根电线杆,铺设光缆线路,连接中科院网络路由器。瀛海威在中关村南大街上竖起广告牌,上面写着"中国人离信息高速公路有多远——向北1500米"。广告牌所指向北1500米是国内第一家商务在线服务网站——瀛海威网络科技馆。在科技馆内,公众可体验Internet"冲浪"乐趣,并有科技人员

向观众介绍有关网络的知识。这是中关村地区最早开展的民用信息传输服务。9月30日，瀛海威在全国建立网络分站，设立全国大网测试中心，推出"瀛海威时空"信息服务品牌。"瀛海威时空"采用DDN线路和卫星线路互为备份。"瀛海威时空"建立九大内容服务系统，包括瀛海威邮局、瀛海威论坛、瀛海威咖啡厅、资源中心、档案查询、市场调查、户籍管理、在线购物、相识瀛海威等。1996年12月26日凌晨6时，瀛海威正式开通全国信息传输服务网络，北京、上海、广州、深圳、福州、西安、哈尔滨、沈阳等8个城市分站开通使用，初步形成全国性的"瀛海威时空"的基干，用户达到10万户。瀛海威推行的"坐地日行八万里，纵横时空瀛海威"的信息传输服务理念成为现实。瀛海威成为最先提供ISP(Internet Service Provi)业务的网络传输服务商。瀛海威在北京魏公村开办了中国首家民营科教馆，所有人都可以在这里免费使用瀛海威网络，免费学习网络知识，还开发出一套全中文多媒体网络系统，以低廉价格为中国老百姓提供了一扇进

1995年5月，瀛海威公司的广告

入信息高速公路的大门。瀛海威在各大新闻媒体开设专栏，在普及网络知识、传播网络文化的同时一遍遍告诉公众：信息产业是中华民族崛起于世界的一个重要机会。瀛海威向中国科技馆无偿提供"中国大众化信息高速公路"展区；同北京图书馆合作，在"瀛海威时空"网上提供北图书目查询；亚特兰大奥运会期间，又为新闻单位开通亚特兰大到北京的新闻信息通道；等等。到1998年，经过3年的苦心经营后，瀛海威已发展成为拥有37000家客户的全国知名的ISP公司和除邮电系统之外中国最大的一家电信网络公司。瀛海威建立了中国第一个公司信息网络和电子商务，"启蒙"了中国公民的网络意识，后因企业经营策略等问题而逐渐衰落。

血脂康胶囊

1995年10月17日，北京北大维信生物科技有限公司"血脂康胶囊"获国家卫生部颁发的新药证书。"血脂康胶囊"及其原料"特制红曲"是通过生物技术从红曲发酵而获得的专利产品。血脂康含有13种天然他汀，并含有不饱和脂肪酸、γ氨基丁酸、黄酮类物资、麦角淄醇、生物碱、多种氨基酸和微量元素等成分，除了调节血脂、减少心梗后冠心病事件及卒中事件，还可以通过不同机理发挥调脂外的多种有益作用。临床研究表明，血脂康可降低冠心病死亡率33%，长期服用安全有效。10月19日，北京北大维信生物科技有限公司取得药品生产企业许可证及药品生产企业合格证。自1996年起，北京北大维信生物科技有限公司的"血脂康胶囊"相继出口到欧美、中东、日本、韩国、新加坡、马来西亚，及中国香港、中国台湾等10多个国家和地区。血脂康是现代生物技术与祖国传统医药相结合的产物，在降低血清总胆固醇、低密度脂蛋白胆固醇等方面可以和世界上调脂药相媲美，且无明显毒副作用。

新浪网（sina）

1998年12月1日，北京四通利方与华渊公司合并建立全球最大华人网站"新浪网"。新浪网的门户网络由4个服务于全球华人社群的网站组成：中国大陆（www.sina.com.cn）、中国台湾（www.sina.com.tw）、中国香港（www.sina.com.hk）和服务北美华人的新浪北美（www.sina.com）。通过五大业务主线——新浪网、新浪无线、新浪热线、新浪企业服务、新浪电子商务，为广大网民和政府企业用户提供网络媒体电子政务解决方案等一系列服务。2002年4月，新浪网正式推出新浪无线业务，打造中国的用户付费增值服务平台，提供无线增值服务，通过高速无线互联网接入无线数据业务，实现网上冲浪、移动办公、网页浏览、文件传输等功能。新浪网主要提供网络媒体及娱乐服务，在全球范围内注册用户超过2.3亿，日浏览量最高突破5亿次。新浪通过门户网站新浪网（SINA.com）、移动门户手机新浪网（SINA.cn）和社交网络服务及微博客服务新浪微博（Weibo.com）组成的数字媒体网络，帮助广大用户通过互联网和移动设备获得专业媒体和用户自生成的多媒体内容（UGC）并与友人进行分享。新浪网通过旗下多家地区性网站提供针对当地用户的特色专业内容，并提供一系列增值服务。手机新浪网为 WAP 用户提供来自新浪门户的定制信息和娱乐内容。新浪微博是基于开放平台架构的寄存自生和第三方应用的社交网络服务及微博客服务，提供微博和社交网络服务，帮助用户随时随地与任何人联系和分享信息。新浪通过上述主营业务及其他业务线向广大用户提供包括移动增值服务（MVAS）、网络视频、音乐流媒体、网络游戏、相册、博客、电子邮件、分类信息、收费服务、电子商务和企业服务在内的一系列服务。新浪设在中国大陆的各家网站提供新闻中心、体育频道、娱乐频道、科技频道、财经频道、游戏频道、汽车频道、房产频道、女性频道、新浪数码、新浪尚品、新浪藏品等 30 多个在线内容频道。

非线性电视新闻综合网络系统

1999 年 5 月，北京中科大洋科技发展股份有限公司与福建电视台合作建成全

"非线性电视新闻综合网络系统"获 2001 年度国家科学技术进步奖一等奖

球第一个非线性新闻制播网络系统。在国内首次实现了上载、制作、播出一体化，大大提高了制作效率和质量，加强了实时性、合作性、共享性。使用这套系统，电视制播就不再需要用录像带了，是对传统线性磁带制作编辑系统的改革性突破，很快便在中央电视台、30家省市级电视台、香港凤凰卫视及欧洲和东南亚的一些电视台正式投入使用。该项目是全球第一个运用双网结构、双压缩比概念的非线性电视新闻综合网络系统，将广电行业推向数字化、网络化时代。该成果获2001年度国家科学技术进步奖一等奖。

中关村科学城（2005 年）

中关村科技园区时期

（1999 年 6 月—2009 年 2 月）

　　这一时期，确定了中关村科技园区的战略定位，即"推动科教兴国战略、实现两个根本性转变的综合改革试验区，具有国际竞争力的国家科技创新示范基地，立足首都、面向全国的科技成果孵化和辐射基地，高素质创新人才培养基地"，并提出了中关村科技园区的建设规划和措施。为此，加强政策和法制环境建设，出台了《中关村科技园区条例》及其系列配套政策。设立了由国务院相关部门、北京市政府、驻区单位和企业组成的建设中关村科技园区领导小组，研究和决定园区建设、发展、制度创新的重大事项。加快知识产权制度建设，建立了中关村国家知识产权制度示范园区，完成高新技术产业国家级标准化示范区建设。"新三板"试点、企业信用体系建立，及天使投资、中关村开放式实验室等形式的出现，增添了为企业服务的新内容。北京生命科学研究所成立使中关村出现与国际接轨的新型科研机构等。

这一时期，中关村进入创建世界一流科技园区的新阶段，进一步激发了科技人员的创新活力，企业成为创新主体的局面已基本形成。中星微电子公司开发设计出拥有中国自主知识产权的"星光"数字多媒体芯片。曙光公司研制的"'曙光'5000A"是中国首台运算速度突破百万亿次大关的计算机，使中国成为世界上第二个可以研发生产超百万亿次超级计算机的国家。科兴生物制品有限公司研制成功了中国第一支甲型肝炎灭活疫苗——孩尔来福、第一支SARS灭活疫苗和第一支人用禽流感疫苗。王码电脑公司研发的"五笔数码"汉字输入技术首创26键标准键盘形码输入方案，开创了汉字输入能像西文一样方便输入的新纪元。同方微电子公司等单位研制成功中国最小尺寸的无线射频电子标签（RFID）芯片，并用于奥运会电子门票查验服务系统，在奥运会历史上首次采用了芯片嵌入的门票。研制成功"神舟一号"至"神舟七号"航天飞船，并顺利升空，并以完全自主的方式在太空中漫步，宣告太空中没有中国人足迹的历史到此结束。北斗导航系统正式试运行，使中国成为世界上第三个拥有自主卫星导航系统的国家。

设立建设中关村科技园区领导小组

1999年6月23日，建设中关村科技园区领导小组成立。北京市市长刘淇任组长，科技部副部长徐冠华、教育部副部长韦钰、中科院副院长陈宜瑜任副组长，北京市副市长林文漪、汪光焘，北京大学校长陈佳洱，清华大学校长王大中，北京市科委主任范伯元，北京市新技术产业开发试验区（后更名为中关村科技园区）管委会主任赵凤桐和海淀区区长李进山等为领导小组成员。建设中关村科技园区领导小组的职责为：研究议定中关村科技园区建设的总体规划，明确分工责任，统筹协调；组织推进规划实施，检查规划落实情况，研究解决规划落实过程中出现的重大问题；对规划建设的重点工程和环境治理建设工作，及时了解情况，协调、研究并解决有关问题；研究审定中关村科技园区内有关机制、体制创新的综合配套改革政策，督促检查各项政策的贯彻落实情况，必要时向国务院或国务院有关部门提出政策建议；协调中央有关部委和驻区高等院校、科研院所及社会各界，调动各方面的力量，整合各种资源，形成加快中关村科技园区建设的合力；研究议定中关村科技园区建设资金的筹集方案与使用原则，决定中央及市级财政资金的使用；推进中关村科技园区扩大对外开放，积极指导并参与国际问题的交流与合作，制定统一的对外宣传方针、战略与措施；贯彻落实中央、国务院和北京市委关于中关村科技园区发展建设的有关指示精神和各项决定。

建设中关村科技园区领导小组办公室是领导小组的办事机构，在领导小组的领导下，根据领导小组的授权，围绕中关村科技园区的建设，承担有关协调、策划、调研和督办等各项工作；对领导小组交办的专项任务，采取"特事特办"的原则，全权代表领导小组办理，以营造良好环境为指导，主动为驻区机构、有关区县政府及各科技园区服务。其主要职责是：组织、协调、配合有关部门编制中关村科技园区建设的具体实施计划；及时了解规划实施情况，建立领导小组与规划实施单位间的信息交流与反馈制度，协调解决有关问题；组织、协调中关村科技园区内有关机制、体制创新综合配套改革的政策调研工作，及时向领导小组反馈有关情况并提出建议；建立领导小组与各驻区单位的信息交流制度，协调、协助各驻区单位解决在中关村科技园区建设中遇到的问题；组织研究中关村科技园区建设筹集资金的总体方案，了解中央及市级财政资金的使用情况并及时向领导小组反馈，协调、协助各重点建设项目的资金筹集工作；组织、协调中关村科技园区对外开放的总体方案设计、政策调研及宣传战略与计划的制订，承担领导小组参与国际交流及与顾问班子日常联系的具体工作，协调、协助驻区机构开展国际合作与交流工作；建立领导小组与国务院及各有关部门间的工作汇报和信息交流制度；在中关村科技园区内建立统一的高新技术企业经济指标统计体系，实行依法统计，为领导小组提供决策支持；负责对中关村科技园区内高新技术企业资格的认定、审批、考核并统一颁布高新技术企业证书，每年按有关规定和标准对区内高新技术企业进行资格复核；完成领导小组交办的专项任务和其他各项工作。办公室与中关村科技园区管委会采用"两块牌子、一套人马"的方式办公，在承担领导小组办事机构职责的同时，继续履行原管委会的职责。领导小组办公室主任由主管副市长兼任。

2003年12月5日，在建设中关村科技园区领导小组第七次会议上，调整了领导小组：领导小组组长由北京市代市长王岐山、科技部部长徐冠华、教育部部长周济担任；增加了国家发展改革委、财政部、建设部、商务部、国家知识产权局、国家版权局、中国证监会、中国工程院等8个国家有关部委局和单位；为充分发挥高科技企业家在中关村科技园区中的作用，使他们能直接参与园区的决策和管理，增加了中关村科技园区企业家咨询委员会主任委员和一名副主任委员为领导小组成员。调整后的建设中关村科技园区领导小组的主要职责是研究和决定园区建设、发展、制度创新的重大事项等。由科技部部长、教育部部长、北京市市长任组长，国务院8个部委、北京市政府有关部门、海淀区政府和主要驻区单位、企业家代表组成的建设中关村科技园区领导小组，在全国高新技术产业开发区领导机构中是首例。

企业产权激励试点

1999年12月17日,北京市政府向财政部、科技部致函,希望支持中关村科技园区在联想集团控股公司、北京希望电脑公司、北京振冲工程股份有限公司等9家高新技术企业实施产权激励试点。2000年4月14日,财政部、科技部复函给北京市政府,原则同意在中关村科技园区进行产权激励的股份制试点。《复函》要求,通过试点,探索高新技术企业建立长久激励机制和相应约束机制的有效方式;探索技术和管理等生产要素参与企业收益分配的具体方式。用于产权激励的股份来源应在资产增量部分中解决;股份制企业实行产权激励的股份,应由各股东按股比分摊;可用于股份激励的资产比例,按财政部《关于在中关村科技园区实行优惠政策的复函》中的有关规定执行。以有偿购买的方式取得股份期权。同年6月,北京市政府成立高新技术企业产权制度改革试点工作协调小组,并提出了试点的基本思路,即在遵循国家财政部和科技部的3点要求基础上,企业用于股份奖励、股份选择或股份期权等股份激励的净资产,不超过企业近年国有净资产增值部分的35%;用于各种股份激励的总额最高不超过企业净资产的35%。2000年,联想集团控股公司(属国有企业,中科院计算所投资设立)以股份制改革当年的公司净资产为基准,按

7折优惠价购买股权的激励方式，用历年累计属于职工的应分未分的收益来购买公司35%的股份，股权归属于职工持股会。其余65%股权仍由中科院持有。职工持股会所持股权的55%分配给创业员工，其余45%作为预留，准备分给后续对公司做出贡献的员工。北京希望电脑公司（属国有企业，中科院计算所投资设立）实行优惠价购股和股份期权的激励方式。该公司1994年至1999年净资产增值的34.64%为774万元。公司员工用历年两金即福利基金和奖励基金结余的453万元来优惠购买797万元的股份，同时做了职工期权的设计。改革后的股权结构：中科集团持股2918万元，占65%，自然人持股1571万元，占35%。北京振冲工程股份有限公司（属国家电力公司北京电力勘测设计院控股企业）实行股份期权和股份奖励方式，以每年税后利润的7%（约18万元）设置期权，行权期3年。股份奖励，按与股份期权3：1的比例配套奖励。这项试点为高新技术企业的技术和管理等生产要素参与企业收益分配提供了基本思路和具体的方式。根据中关村企业产权激励的股份制试点的经验，科技部和财政部将两个35%作为标准，规范全国高新技术企业产权改革。

发布中关村科技园区条例

2000年12月8日，北京市第十一届人民代表大会常务委员会第二十三次会议讨论通过《中关村科技园区条例》(简称《园区条例》)。《园区条例》以保护投资者和创业者的合法权益为宗旨,做出了多项全国第一的创新性规定。如《园区条例》总则中明文规定:"组织和个人在中关村科技园区投资的资产、收益等财产权利以及其他合法权益受法律保护,任何组织和个人不得非法占有或者实施其他侵害行为。"总则中还规定:"组织和个人在中关村科技园区可以从事法律、法规和规章没有明文禁止的活动……"以立法的形式明确提出保护创业者私有财产,遵循市场经济规律确定"法无明文规定不为过"的原则,这在我国的法律体系中是重大突破。《园区条例》规定:"在中关村科技园区设立企业,办理工商登记时,除法律、法规规定限制的项目外,工商机关对经营范围不做具体核定。"该规定突破了长期以来企业工商登记必须写明、核定经营范围的限制,为企业的发展提供了更加广阔的自主空间。《园区条例》规定:"以高新技术成果作价出资注册资本的比例,可以由出资各方协商约定……"突破了过去技术成果入资比例不能超过35%的限制,充分体现了尊重知识、鼓励创新的立法宗旨。《园区条例》规定,引进中关村科技园区发展需要的留学人员、外省市科技和管理人才,可以按照本市有关规定办理《工作寄住证》或常住户口,不受进京指标限制;本市行政区域内的高等学校、科研机构的应届毕业生受聘于中关村科技园区内的高科技企业,可以直接办理本市常住户口。北京封冻了几十年的户口"坚冰",最先在中关村打破。《园区条例》规定,准许自然人与外商合资合作,准许

2000年12月8日,《中关村科技园区条例》发布

风险投资采取有限合伙的形式……对个体生产力和民间资本,在中关村《园区条例》中给予最大化的法律保证。《园区条例》规定,政府不作为要承担法律责任。行政机关及其工作人员不履行法定职责,有下列情形之一的,由上级责令改正;情节严重的,由监察机关或者上级机关追究直接责任人和主要负责人的行政责任;构成犯罪的,依法追究责任人的刑事责任:企业和其他市场主体依照本条例的规定应当受到保护的合法权益,因政府机关及其工作人员不作为而受到侵害的;企业和其他市场主体依照本条例规定应当享有的权利和利益,因政府机关及工作人员的不作为而未能享有的。将立法追究的主体直接对准政府自身,这在立法中也是冲击力相当大的条款。《园区条例》的制定和实施,把园区建设和管理完全纳入法制化轨道,为园区的创业者营造了一个非常宽松的软环境。

中关村智库

2000年5月9日，为吸收借鉴国内外有益经验，加快建设中关村科技园区，北京市政府和建设中关村园区领导小组决定成立中关村科技园区顾问委员会。在成立仪式上，市长刘淇向18位海内外知名企业家、金融家和著名学者颁发了聘书。中国工程院院长宋健担任顾问委员会主任，科技部副部长徐冠华任副主任。顾问委员会成员包括美国应用材料公司副总裁王宁国、美国EIC公司董事长何宜慈、安盛咨询首席执行官乔·福汉、美国证券交易所主席索达诺、甲骨文公司董事长卢卡斯，以及厉以宁、吴敬琏、侯云德、周干峙、张亚勤、孔德涌等国内外知名企业家、科学家、经济学家等。顾问委员会主要任务是对中关村科技园区建设规划提出建设性意见。

2003年11月20日，中关村科技园区企业家咨询委员会第一次会议举行。25名咨询委员会委员和7名特邀委员出席。会议选举柳传志为主任委员，邓中翰为执行副主任委员，才让、王德禄、舒奇为副主任委员。作为中关村科技园区领导小组及其办公室的参谋和支持机构，中关村企业家咨询委员会的职责是，充分调动、运用企业家的知识和能量，参与园区规划、建设、改革和发展等重大事项的决策研究，提出加快园区改革和发展的意见、建议和报告,并且监督有关园区各项规定、政策和法规的贯彻实施。这是中关村科技园区体制创新的一次突破。中关村的企业家们以直接的方式参加园区的决策和管理。

2009年3月,启动建设中关村国家自主创新示范区后,于当年12月13日,中关村国家自主创新示范区企业家顾问委员会(简称"顾问委员会")正式成立,柳传志、王小兰、李彦宏、熊晓鸽等28位知名企业家、投资机构负责人、管理专家受聘成为企业家顾问委员会成员。顾问委员会旨在发挥企业家、投资家、专家学者的作用,参与中关村国家自主创新示范区的规划、建设、改革和发展等重大事项的决策,负责向国家有关部门及北京市提出意见和建议,以发挥官产学研金合作优势,帮助优秀企业、企业家得到更大发展空间,研究重点企业的筛选、培育、辅导和扶持,对引领产业发展趋势的优质重大项目,通过顾问委员会的渠道向政府推荐,并提出政策支持建议等。联想控股有限公司董事长兼总裁柳传志担任顾问委员会的主任委员。时代集团公司总裁、北京民营科技实业家协会会长王小兰任顾问委员会常务副主任委员兼秘书长。为配合中关村示范区建设需要,顾问委员会分为4组发挥作用。第一组,主要围绕推动企业做强做大,由柳传志和李彦宏牵头,重点研究重点企业的筛选、培育、辅导和扶持等问题。第二组,主要围绕北京市重大项目评估、筛选、推荐,由邓锋牵头,重点是对重大科技成果产业化项目进行挖掘、推荐并提出支持措施和建议。第三组,主要围绕"中关村未来之星"培训及领军人才培育,由徐井宏和唐旭东牵头,以早期创业企业及成长型企业为主要工作对象,对其进行培育和辅导,为其解决个性化问题。第四组,主要围绕促进产学研用的合作对接、国际交流合作、高端人才的评审及其他工作,由王小兰牵头,重点研究促进产学研用合作对接和国际交流合作的措施及政策建议、高端人才的评审及推荐、顾问委员会其他工作等。

新型科研机构——北京生命科学研究所

2005年12月9日,北京生命科学研究所成立。该所由科技部、国家发展改革委、教育部、卫生部、中科院、国家自然科学基金会、北京市政府、中国医学科学院等8个单位为主体组成理事会,共同管理筹建和运行工作,每届理事会任期3年。北京市政府和科技部负责具体实施和提供主要的资金。该所主要任务是,进行原创性基础研究,同时培养优秀科研人才,探索新的与国际接轨而又符合中国发展的科研运作机制。研究所实行理事会领导下的所长负责制,理事会是研究所的决策机构。第一任科学指导委员会由理事会聘任国内外著名科学家,组成科学指导委员会。科学指导委员会是学术咨询机构,其主要任务是对研究所所长进行聘任前的学术评估,提出推荐意见;对研究所的研究工作做出评估并提出建议。每届科学指导委员会的任期为3年。研究所所长的聘任实行国际公开招聘,由理事会聘请的科学指导委员会进行评估、推荐后，由理事会聘任，科技部批准所长任职资格。所长任期为5年，可以连任。2003年4月，理事会聘任美国得克萨斯大学西南医学中心的生物化学和细胞生物学家、美国科学院院士王晓东，耶鲁大学植物分子生物学家邓兴旺为北京生命科学研究所共同所长。研究所没有行政级别，没有官员，没有编制，在所科学家30名，平均年龄不到40岁，全部来自全球招聘。人才招聘专家委员会按国际惯例，由包括5名诺贝尔奖获得者在内的23名国际一流生物技术专家组成。这里没有评比、没有考核。研究所学术空间充分宽松，研究所在基础设施、科研设备、科研人才具备"国际一流"标准的同时，科研管理也与国际接轨，所长最主要的工作是招人，实验室主任一律实行5年合同制，课题充分自主，最后接受由国际知名专家组成的科学指导委员会的评估。

新三板试点

2006年1月16日，由中国证监会、科技部、中关村管委会主办，中关村投融资促进中心、中关村兴业投资管理公司承办的"中关村科技园区非上市股份公司进入代办转让系统进行股份报价转让试点新闻发布会"在京举行。由中国证监会会同科技部、市政府、国务院法治局共同研究制定的《证券公司代办股份转让系统中关村科技园区非上市股份有限公司股份报价转让试点办法》和配套规则、相关协议文本在会上发布。试点企业拟选自中关村科技园区的129家非上市股份有限公司。

2006年1月23日,中关村非上市股份公司进入证券公司代办转让系统进行股份报价转让试点(简称"代办股份报价转让试点")正式启动。它是一个以证券公司及相关当事人的契约为基础,依托深圳证券交易所、中国登记结算公司的技术系统和证券公司的服务网络,以代理客户买卖挂牌公司股份为核心业务的股份转让平台,其主要功能是为非上市股份有限公司提供股份转让和股权私募服务。北京世纪瑞尔技术股份有限公司和北京中科软科技股份有限公司登录代办转让系统,成为首批挂牌试点企业,挂牌当天两公司股份共成交57.7万股,成交金额213.6万元。同时,中信证券、光大证券、国信证券等11家证券公司获得从事报价转让业务资格。

2006年4月3日,中关村管委会印发《关于开展中关村非上市股份公司代办股份报价转让试点的通知》(简称《试点通知》)。《试点通知》明确,申请进入代办转让企业的条件是,注册在中关村科技园区内的非上市股份有限公司;设立满三年;主营业务突出,具有持续经营记录;公司治理结构健全,运作规范;满足中国证券业协会要求的其他条件。《试点通知》明确了试点基本制度安排:为中关村科技园区非上市股份公司股份转让提供报价服务;针对非上市股份转让的特点,提高最低报价数量,股份报价转让每笔委托的股份数量不低于3万股;中关村科技园区非上市股份公司股份挂牌报价转让实行备案制;为保持公司股东

2006年1月23日,中关村非上市股份公司进入代办转让系统挂牌仪式在深圳证券交易所举行

结构和经营的稳定性,公司股东挂牌前所持股份分3批进入代办系统挂牌报价转让,每批进入的数量均为1/3;指定结算银行负责投资者结算资金的存管和交收。为推进试点工作,《试点通知》确定,中关村管委会对试点企业进行资助:给予进行试点的园区股份有限公司一次性无偿资助20万元;对于有限责任公司改制为股份有限公司的,给予一次性无偿资助10万元。

2009年2月18日,在深圳交易所举行的"中关村科技园区企业进入代办股份转让系统挂牌仪式"上,北京世纪东方国铁电讯股份有限公司、北京九恒星科技股份有限公司、北京东宝亿通科技股份有限公司、北京东土科技股份有限公司、北京圣博润高新技术股份有限公司、北京诺思兰德生物技术股份有限公司、北京建设数字科技股份有限公司、北京双杰电气股份有限公司、北京博朗环境工程技术股份有限公司等9家公司集体挂牌,登录"新三板"。这9家企业共发行1.2亿股，融资4.66亿元。

2009年6月12日，中国证券业协会召开完善中关村股份报价转让试点制度新闻发布会，发布了修订后的《证券公司代办股份转让系统中关村科技园区非上市股份有限公司股份报价转让试点办法（暂行）》（简称《办法》）。新制度包括总则、股份挂牌、股份转让、主办券商、信息披露、其他事项、违规处理、附则等8章78条。此次调整试点制度，主要着眼于提高效率、改进服务、增强市场的活力与吸引力，包括以下5项内容：一是改革试行投资者适当性制度；二是将挂牌企业需要具有3年连续经营的记录调整为公司存续期满2年；三是完善转让结算制度，提高股份转让效率；四是完善信息披露制度；五是改进股份限售安排。同时，《办法》规定，中关村科技园区非上市股份公司股份挂牌报价转让实行备案制。备案程序完成后，园区公司即可在代办系统挂牌。每家改制企业可获20万元资助；进入股份报价转让系统挂牌的，每家企业可获支持50万元；主办券商推荐的园区企业取得《中国证券业协会挂牌报价文件备案确认函》后，每家券商支持20万元。同日，中国证券协会还发布了《主办券商推荐中关村科技园区非上市股份有限公司股份进入证券公司代办股份转让系统挂牌业务规则》（简称《业务规则》）和《股份进入证券公司代办股份转让系统报价转让的中关村科技园区非上市股份有限公司信息披露规则》（简称《信息披露规则》）等2项规则。《业务规则》包括总则、机构与人员、尽职调查、内核、备案文件的审查与备案、违规处理、附则等7章37条。《业务规则》规定，主办券商对拟推荐的公司进行尽职调查和内核。同意推荐的，主办券商应向中国证券业协会出具推荐报告，并向协会报送推荐挂牌备案文件。《信息披露规则》包括，总则、挂牌报价转让前的信息披露、持续信息披露、推荐主办券商对挂牌公司信息披露的督导、附则等5章16条。《信息披露规则》规定，挂牌公司及其董事和相关责任人应保证信息披露内容的真实、准确、完整，不存在虚假记载、误导性陈述或重大遗漏。挂牌公司披露的信息，应经董事长或其授权的董事签字确认。若有虚假陈述，董事长应承担相应责任。挂牌公司和推荐主办券商披露的信息应在代办股份转让信息披露平台发布，在其他媒体披露信息的时间不得早于专门网站的披露时间。上述3项政策均自2009年7月6日起实施。

2010年6月3日，中国证监会市场部、科技部火炬中心、中国证券业协会、深圳证券交易所和中关村管委会在北京召开中关村代办股份报价转让试点工作会。此次会议有两项内容：一是总结中关村代办股份报价转让试点工作的经验；二是举行中关村资本市场投资者互动平台开通仪式和中关村代办挂牌企业网上集体业绩路演。中关村示范区52家挂牌企业围绕公司2009年度业绩，就公司治理、发展战略、经营状况、融资计划、股权激励、可持续发展等投资者所关心的问题，在投资者关系互动平台上与全国各地的投资者进行"一对多"形式的沟通与交流，向市场集中展示了挂牌企业规范、诚信、创新的整体风貌。

截至2015年底，中关村示范区参与试点的挂牌企业总数达到823家，约占全国"新三板"挂牌企业总数的16%。"新三板"

试点通过利用代办系统现有的技术系统和市场网络，为投资者转让中关村园区公司股份提供报价服务，并拓展了代办系统的功能，为今后中关村科技园区高新技术企业利用资本市场积累经验。同时，"新三板"的设立与发展是我国资本市场建设的一项重大突破。2013年6月19日，国务院常务会议确定将中关村"新三板"试点范围扩大至全国。（注：因其挂牌企业均为高科技企业，而不同于原转让系统内的退市企业以及原STAQ、NET系统挂牌企业，故被形象地称为"新三板"。）

百家创新型企业试点

2007年2月25日，科技部、中科院、北京市政府印发《关于在中关村科技园区百家创新型企业试点工作的通知》（简称《通知》）。《通知》指出，北京市人民政府、科学技术部和中国科学院决定在中关村科技园区联合开展百家创新型企业试点工作。对完成各项试点任务、试点成效显著的企业，将命名为"中关村科技园区创新型企业"。对未按要求开展试点工作的企业将取消其试点资格，对因发生重大变动不再具备试点条件的企业也将及时做出调整。《通知》附有《中关村科技园区百家创新型企业试点工作方案》（简称《工作方案》）。《工作方案》包括试点目标与基本原则、试点内容、试点企业选择、组织实施与试点步骤等4部分内容。《工作方案》指出,百家创新型企业试点的目标是,形成"四个一批",即取得一批关键技术突破,推出一批自主品牌,形成一批具有国际竞争力的企业,培育一批企业家。试点内容是,以企业技术创新和管理创新为主要试点内容,同时关注原始创新、集成创新、引进消化吸收再创新三种自主创新模式。《工作方案》明确,试点企业应具备较强市场竞争力和技术创新能力,重点考察 6 项指标:企业的各种产品按标准组织生产,重点产品具有较高市场占有率;具有自主品牌;具有较高增长率和较强盈利能力;具有较强自主创新能力;具有较丰富的研发经验;在产业技术联盟中处于核心地位。《工作方案》提出,三部门将从以下方面对试点企业进行重点支持:支持试点企业加强标准制定和知识产权工作;支持试点企业建设重大科技基础设施;支持试点企业组建产业技术联盟;支持试点企业承接国家重大专项;加大对试点企业自主创新产品政府采购力度;大力推进试点企业品牌建设;鼓励试点企业采购中介服务;支持试点企业进行投融资创新;支持试点企业创新人才队伍建设;推进试点企业积极参与国际合作;加大对试点企业宣传力度等。试点时间为

创新型试点企业牌匾

2007年至2010年。分启动、申报实施、总结推广3个阶段进行。2007年4月4日，公布了首批百家创新型企业试点工作方案及试点企业名单。在公布的百家创新型试点企业中，有电子信息企业54家，生物医药、环保新能源及新材料企业46家。

2009年12月17日，在北京市政府、科技部和中科院联合召开的2009年中关村国家自主创新示范区百家创新型企业试点工作大会。会上推出《支持中关村百家创新型试点企业做强做大的若干措施》(简称《措施》)。该《措施》包括：支持试点企业借助资本市场做强做大；有针对性地组织券商为试点企业做好改制上市的辅导，试点企业改制、进入代办试点和境内外上市，中关村管委会分别给予20万元、50万元和200万元的资助；对试点企业提供综合融资支持政策，设置专项的信用贷款、信用保险及贸易融资绿色通道，引导金融机构加大对企业的支持力度，中关村管委会给予试点企业40%的贷款贴息支持和50%的保费补贴；支持试点企业在北京建立产业化基地，北京市政府有关部门和区县政府将其纳入绿色审批通道，对其在京新建生产基地进行的固定资产投资及相应流动资金贷款，市经济信息化委给予最高1000万元的贷款贴息；支持具备条件的试点企业开展科技房地产信托投资基金试点等。会议还公布了《关于印发首批中关村国家自主创新示范区创新型企业名单的通知》，用友软件股份公司等56家企业为首批中关村国家自主创新示范区创新型企业，其中软件类企业11家、集成电路类企业1家、计算机类企业7家、文化创意产业企业6家、新材料企业5家、先进制造业企业7家、生物医药业企业 11 家、环保新能源及生态农业企业 8 家。(注:前后有 3 批计 305 家企业参加中关村示范区创新性企业试点,其中 56 家试点企业完成试点任务,成为首批中关村国家自主创新示范区创新型企业。)

中关村科技园区发展专项资金

2000 年 11 月 29 日,北京市政府印发《关于对中关村科技园区建设给予政策支持问题的通知》,明确建立中关村科技园区发展专项资金。自 2000 年至 2002 年,以财政列支形式,建立中关村科技园区发展专项资金,每年 15 亿元。其中,5 亿元专项资金由市财政拨给中关村管委会管理使用,重点用于中关村科技园区核心区、核心产业的建设和发展;10 亿元专项资金由市财政分别拨给海淀区、丰台区、昌平区政府和北京经济技术开发区管委会、电子城科技园区管委会,拨款数额以 1999 年税收返还形式计算的数额为准。

2003 年 3 月 3 日,市财政局、市审计局印发《中关村科技园区发展专项资金使用管理办法》。明确规定,市政府自 2003 年至 2005 年 3 年内设立专项资金,每年在财政预算内安排 18 亿元。专项资金的 13.5 亿元由海淀区财政局、丰台园管委会、昌平园管委会、电子城科技园区管委会和北京亦庄经济技术开发区管委会负责管理,用于5个园区的基础设施建设、支持高新技术企业发展、改善园区软环境和重大产业化项目建设;专项资金的4.5亿元由中关村科技园区管委会负责管理,主要用于中关村科技园区核心区基础设施建设和重大产业化项目的引进、改善园区软环境和支持高新技术企业发展。

2005年11月6日,在北京市政府印发的《关于进一步做强中关村科技园区的若干意见》中决定,2006年至2010年,市财政继续设立"中关村科技园区发展专项资金"。该专项资金主要用于支持企业自主创新能力的提升以及重大科技成果和关键技术的产业化;鼓励企业创业投资、担保、产权交易和信用的发展,完善投融资环境;推进创新型人才的吸引和培养、知识产权、国际交流合作、企业"走出去"和扶持中小企业成长等方面的试点工作;为国家重大创新和产业化项目落户中关村科技园区提供配套资金和服务。各有关区财政要设立专项资金,配套支持本区域内中关村科技园区在本区域内的各园,重点发展以自主创新为核心的高新技术产业发展和城市基础设施建设。

截至2015年,市政府总计拨付的中关村科技园区发展专项资金总额为210.5亿元。

企业信用制度

中关村科技园区在全国率先启动按照市场规则运作的企业信用制度试点工作，探索构建以企业信用为基础，企业信用与金融资源有效结合的机制。

2001年11月27日，中关村管委会印发《中关村科技园区企业信用制度试点暂行办法》（简称《暂行办法》）。《暂行办法》明确，企业信用制度的主要任务是建立企业信用服务体系和信用管理体系，形成比较完善的政策法规体系。政府的主要职责是推动信用信息开放与流通，并对信用服务体系的运作实行监管，信用服务采取市场化运作的原则。《暂行办法》明确，企业信用信息，主要包括企业登记注册信息、涉及企业经营活动的信用信息，以及其他有关信息。《暂行办法》规定，对信用记录良好的企业，有关部门可在信用担保、贷款贴息、产业扶持政策等方面优先给予支持。对有严重失信记录的企业，由信用信息服务中心在中关村科技园区内披露失信企业名单及行为。中关村科技园区企业信用服务体系的组织机构，由中关村企业信用信息服务中心和信用服务社会中介机构组成。

2002年9月1日起，中关村科技园区在辖区内正式推行中关村企业信用报告。中关村企业信用报告是为了满足社会各界了解企业信用档案和其他信用信息的需要,经企业自愿申请,由信用服务中介机构在有效整合企业相关信息和实地考察的基础上,为企业提供的一种信用产品。中关村企业可向中关村管委会认定的 4 家资质较好的中介机构提出申请,由中介机构整合企业相关信息,并在实地考察的基础上为企业出具信用报告。这 4 家中介机构是:大公国际资信评估有限公司、联合资信评估有限公司、北京新华信商业信用咨询公司、华夏国际企业信用咨询公司。内容主要包括企业的基本情况、主要财务数据、主要违约记录、主导产品和企业经营状况以及相应的综合判断和分析。为使对评定结果的描述有统一标准,中介机构根据企业信用状况,将其分为 ZC1、ZC2、ZC3、ZC4、ZC5 等 5 个等级(其中,Z 表示中关村,C 代表信用 Credit)。1 级为信用度很高,风险低;5 级为信用差,风险高(注:自 2006 年 8 月 1 日起,将原有的《企业信用评级报告》的 ZC 系列符号调整为国际通用的三等九级形式)。信用报告的有效期为 1 年。管委会将及时公示这些信息,为企业之间的合作提供参考。经中关村园区认定的高新技术企业可凭信用报告向北京市商业银行申请贷款,向中关村科技担保公司申请贷款担保,向北京市科委申请国家科技型中小企业创新基金。

2003 年 6 月 30 日,北京中关村企业信用促进会在京成立。中关村企业信用促进会由中关村科技园区的高新技术企业、为企业服务的金融机构、信用担保机构、信用中介机构和其他中介机构、信用保险机构等组成的企业信用自律社团组织(社团法人)。信用促进会实施"以信用促进企业融资、以融资推动企业发展"

的区域信用体系建设发展战略,紧密围绕信用宣传、信用服务和信用管理三大主题开展工作,努力为"一个基础、六项机制、十条渠道"的中关村投融资体系服务,面向企业开展融资咨询、政府专项资金补贴、信用监督和管理、信用激励、信用管理培训、建立中介专家库并组织专家为企业服务等各项服务。

2005年6月,中关村管委会正式启用企业征信报告,包括深度征信报告和标准征信报告,并明确规定凡涉及申请中关村科技园区发展专项资金资助的企业,必须使用园区信用评级报告和征信报告。

2007年6月13日,中关村管委会印发《促进中关村科技园区企业信用体系建设的办法》(简称《办法》)。《办法》明确,中关村科技园区企业信用体系是指以企业信用自律为基础,政府通过信用激励政策和专业机构的配套服务,推广和鼓励企业使用园区信用产品,搭建企业信用信息数据库和信息共享平台,加强企业信用监督和信用管理,建立和完善企业与金融、担保机构的绿色通道,缓解企业融资难。《办法》规定,具有良好信用的企业可以申请中关村园区产业发展资金、企业担保贷款补贴资金等公共财政资金支持;可以申请小企业扶持资金、留学人员扶持资金等公共财政资金支持。中关村管委会对使用信用产品的企业给予购买信用中介服务费用50%的资金补贴,对连续使用信用产品并达到一定等级的企业给予一定的奖励。在园区开展企业信用贷款试点工作。中关村管委会对符合申请信用贷款条件的园区企业给予贷款基准利率20%~40%的贴息,贴息幅度与企业信用等级挂钩。中关村管委会每年在中关村科技园区发展专项资金中安排一定的资金，用于支持企业信用体系建设工作。

中关村企业信用促进会是国内第一个企业信用自律组织，制定了一套信用制度，开发了一系列信用服务产品，培育了一批信用服务机构，建立了一套信用信息系统，形成了一套信用激励机制，被国家发展改革委誉为全国中小企业信用服务体系建设示范"标间"。2010年12月16日，科技部、中国人民银行、中国银监会、中国证监会、中国保监会联合印发的《促进科技和金融结合试点实施方案》中明确指出，在全国试点建立和完善科技企业信用体系时"要推广中关村示范区信用体系建设的经验和模式，开展科技企业信用征信和评级，依托试点地区建立科技企业信用体系建设示范区"。

截至2015年底，中关村有信用星级企业1211家，其中一星级企业545家、二星级企业239家、三星级企业153家、四星级企业108家、五星级企业166家。

国家知识产权制度示范园区

2002年7月24日，时任国务院副总理李岚清主持会议，听取了中关村科技园区建设情况的汇报。会议明确将中关村科技园区列为国家级知识产权制度示范园区，并要求国家知识产权局和北京市人民政府提出实施办法。2003年7月14日，国家知识产权局和北京市政府联合发布《关于中关村国家知识产权制度示范园区工作实施方案》，决定共同开展知识产权示范区工作。同年10月27日，国家知识产权局和北京市政府联合为"中关村科技园区国家知识产权制度示范园区"揭牌，中关村知识产权促进局以及北京中关村知识产权保护协会同时设立。这是全国首家也是唯一一家国务院批准同意成立的国家级知识产权制度示范园区。2004年11月12日，国家知识产权局印发《国家知识产权局关于知识产权试点示范工作的指导意见》，决定进一步深化知识产权试点、示范工作，将知识产权的"中关村模式"推广到全国。2008年10月，中关村科技园区国家知识产权制度示范园区试点工作通过国家知识产权局的验收。

中关村技术产权交易所

2003年3月1日，中关村技术产权交易所成立。该交易所是在原中关村技术交易中心的基础上重组改制的技术服务机构。由北京市国有资产经营有限责任公司、中关村科技（控股）股份有限公司、中关村百校信息园有限公司、亿阳集团有限公司、北京首创科技投资有限公司、中投信用担保公司和北京技术交易促进中心等9家单位组成，投资总额达6500万元，其中北京市国有资产经营有限责任公司为第一大股东。中关村技术产权交易所

中关村技术产权交易所

是一家立足中关村科技园区，面向社会各类投资人，以创新为手段，以市场为导向，对加快北京市高新技术产业发展和中关村科技园区建设，建立并完善北京市多层次的资本市场，解决科技企业融资和产权流动等问题的专业机构。它的主要功能是为成长型的中小高科技企业进行股权融资，建立有利于风险资本进入、退出的市场机制。中关村技术交易所采用以经纪人制度为核心的运营模式，将高科技企业和有融资需求的高科技项目挂牌，吸引投资机构入场。按照章程，投融资双方必须委托场内经纪人代理其交易业务，中关村技术交易所与经纪人分佣，而不直接向投融资双方收取费用。开业当天，168家科技型企业的股权融资及技术转让项目在中交所挂牌交易。北大博雅投资有限公司作为经纪商，促成北医基因30%的股份转让给北达孵化器公司，以1000万元的交易价格成交，这是中关村技术产权交易所成立的第一单交易。

瞪羚计划

2003年7月12日,中关村管委会开始实施"瞪羚计划",即高成长高科技企业担保贷款绿色通道。该计划由银行、担保公司、信用中介机构和企业共同参与的旨在促进中关村高成长企业快速发展的援助计划。中关村管委会对技工贸总收入在1000万~5亿元之间具有一定增长速度的高成长企业群体(瞪羚企业),给予贷款贴息;可以进入中关村科技担保公司的快捷担保审批程序,简化反担保措施;可以进入协作银行的快捷贷款审批程序,获得利率优惠。

2004年12月13日,中关村管委会印发《中关村科技园区"瞪羚计划"贴息和担保补贴支持资金管理办法》(简称《管理办法》)。《管理办法》规定,获得"瞪羚计划"支持的企业和发行中关村高新技术企业信托计划的企业,可享受"瞪羚计划"贴息和担保补贴支持资金的资助。担保贷款贴息原则:获得"瞪羚计划"支持的企业根据其信用分为5个星级,第一次加入"瞪羚计划"的企业均设定为一星级,可获得贷款利息20%贴息,企业信用每增加一个星级,担保贷款贴息率增加5%,五星级"瞪羚计划"的企业担保贷款贴息率最高可达40%。中关村高新技术企业信托计划原则:发行中关村高新技术企业信托计划的企业可获得信托贷款利息（含社会筹资利息、信托管理费和担保费）20%的贴息。"瞪羚计划"担保补贴原则：在限制担保公司最高担保费用标准的前提下，对担保公司实行一定担保规模下的超额累进担保费补贴机制，即一年内，中关村科技园区担保公司为"瞪羚计划"企业的担保规模在6亿元以下的，担保费补贴为担保额的0.3%；担保规模在6亿~8亿元之间的额度，担保费补贴为0.6%；担保规模在8亿~10亿元之间的额度，担保费补贴为0.9%；担保规模在10亿元以上的额度，担保费补贴1.2%。中关村高新技术企业信托计划担保补贴原则：中关村科技担保有限公司信托计划提供的担保在有效期内，其担保金额计入当年担保补贴总额中。"瞪羚计划"实施两年里，有281家企业获得贷款贴息支持。其中，2005年贴息额达1100万元，支持131家企业获得了14.87亿元的贷款。

2010年8月20日，2010年中关村示范区"瞪羚计划"首批重点培育企业工作大会在北京会议中心举行。市发展改革委、市科委、市经济信息化委、中关村管委会在会上共同推出首批525家入选"瞪羚计划"重点培育企业的名单，其中电子信息产业311家、先进制造产业88家、生物工程及新医药产业58家、新材料产业18家、新能源及环保产业50家。四部门将对"瞪羚计划"重点培育企业加大政策倾斜力度，聚焦重点、集成政策、集中资源、特需服务。

"瞪羚计划"的推出，把处于高成长期的企业作为重要的扶植对象，将信用评价、信用激励和约束机制同担保贷款业务进行有机结合，通过政府的引导和推动，凝聚金融资源，构建高效、低成本的担保贷款通道。截至 2015 年，中关村示范区"瞪羚企业"达到 3916 家，其中重点培育企业的总收入为 1810.9 亿元，占中关村示范区总收入的 4.4%。（注："瞪羚"是一种善于跳跃和奔跑的羚羊，业界通常将高科技高成长的中小企业形象地称为"瞪羚企业"。一个地区"瞪羚企业"的数量直接反映了这一地区的创新活力和发展速度。）

中关村开放实验室

2006 年 6 月 6 日，"中关村开放式实验室合作协议签约仪式"在清华科技园举行，由市科委、中关村管委会、海淀区政府

2006年6月6日，中关村开放式实验室合作协议签约仪式举行

与北京大学、清华大学、北京科技大学、中科院等单位合作建立的8个中关村开放式实验室正式挂牌。根据《中关村开放实验室实施办法》规定，中关村开放实验室应具备为示范区企业提供服务的科技基础设施；设立2年以上，管理规范，管理机构和规章制度健全；专业研发、科技成果转移转化类实验室的科研基础和人员在所属领域具有一定的影响力，并承担过国家和北京市的研发项目；分析检测类实验室应具备国家计量认证或实验室认可资质；服务领域应符合《中关村国家自主创新示范区发展规划纲要（2011—2020年）》确定的重点产业领域等基本条件。由所属的高等院校、科研机构、转制院所或所属园区管委会负责推荐，由中关村管委会委托中介机构负责受理，经中关村管委会审定后，挂牌为中关村开放实验室，并由中关村开放实验室的上级主管单位与中关村管委会签署合作协议，确定开放内容、服务方式、收费标准等具体事项。首批建立的8个实验室分别是：依托北京大学的微处理器及系统芯片研究开放实验室和细胞分化与细胞工程实验室，依托清华大学的环境模拟与污染控制国家重点联合实验室和清华大学分析中心，依托北京科技大学的腐蚀磨蚀与表面技术重点实验室和金属电子信息材料工程研究中心，依托中国科学院自动化研究所的国家专用集成电路设计工程技术研究中心以及依托中国科学院生物物理学研究所的蛋白质与多肽药物实验室。根据协议，这些开放式实验室主要是以应用为导向，以服务企业为目标，满足中关村科技园区企业在软件、集成电路、新一代移动通信、计算机与网络、数字音视频、光电显示、生物医药、环保新能源、文化创意等重点产业的发展需求，为企业提供试验仪器设备租用、测试、技术继承、科学数据、科技文献等技术支持和有偿服务。根据协议，对运行满1年的中关村开放实验室，由受托机构对其工作量及服务质量进行评估。对完成协议规定工作的开放实验室，由中关村国家自主创新示范区发展专项资金提供50万元的一次性经费支持，在不超过50%的补贴额度内，用于设备购置和认证以外的费用支出。中关村管委会将委托中介机构每年组织对中关村开放实验室的运行情况进行评估。根据开放实验室的业绩，对运行良好的开放实验室进行表彰和奖励，对不能维持相关资质或没有为示范区企业提供有效服务的开放实验室，提出整改建议。对连续2年被提出整改建议的开放实验室经中关村管委会审定后，取消其"中关村开放实验室"的资格，并解除合作协议。

中关村开放实验室通过财政补贴方式，鼓励分散于北京众多科研院所、高等院校的科技资源为企业开展各类服务，实现企业科技研发需求与科技资源供给的有效对接及促进科研成果产业化，探索产学研合作新路子的重要尝试。中关村开放实验室已成为首都独具特色的科研资源最丰富、最宝贵的科研创新群体。截至2015年底，中关村开放实验室达195家，累计为8.8万家次企业提供检测、技术攻关、试验指导、合作研发等服务14.1万项。

高新技术产业国家级标准化示范区

2006年10月23日,国家标准化管理委员会(简称"国家标准化委")印发《关于在北京中关村科技园区建立"高新技术产业国家级标准化示范区"试点的批复》(简称《批复》)。《批复》明确,试点工作的目标是:1.通过实施标准发展引导计划、制标引擎计划、标准产业化引领计划,示范领域参与制定国际、国家、行业及联盟自主创新标准比例达到20%;有自主知识产权的国际标准、国家标准、行业标准、地方标准的数量和质量处于全国领先水平。2.通过实施标准化主体培育计划,在示范领域重点企业承担国家、行业标准制修订比例达到20%;龙头企业参与国际标准制修订比例超过5%;超过20家重点企业实现研发与标准化基本同步;出现一批以原始创新的技术标准为基础的技术联盟或产业联盟,示范领域重点产品采标率达到85%以上。3.通过开展标准政策研究和示范经验总结,在联盟标准性质、专利技术融入技术标准以及高新技术产品标准等热点问题研究方面取得一批重要示范研究成果。4.建成一个国内一流的标准服务平台,园区的标准化服务能力和服务企业的水平得到明显提高;建立北京市标准化专家库,一批高层次的高新技术标准化人才得到锻炼和培训。5.通过鼓励企业参与标准化活动和对外合作交流,示范领域重点企业承担或参与全国专业标准化技术委员会（TC）、分技术委员会（SC）及工作组工作的比例达到5%；示范领域龙头企业承担或参与国际标准化技术委员会、分会及工作组工作的比例达到1%；制定"技术标准制修订资金补助管理办法"，完善现有对标准创新的奖励政策。

2010年6月29日，中关村国家高新技术产业标准化示范区建设工作通过了国家标准化委组织专家组的验收。这是国内首个高新技术产业国家级标准化示范区。通过示范区建设促进企业的标准化意识和水平、自主创新能力以及经济效益的提升，企业参与制订和修订的国际、国家、行业、地方标准达到1677项，其中国际标准76项、国家标准961项、行业标准581项。

2010年6月29日，中关村国家高新技术产业标准化示范区建设通过验收

中小科技型企业知识产权质押贷款试点

从 2006 年底开始，中关村管委会会同市科委、市知识产权局、市工商局、海淀区政府等相关部门，就中小科技型企业知识产权质押贷款在国内率先进行试点。试点的目标是要加快建立知识产权质押贷款机制，率先在中关村示范区突破，通过市场手段，促进知识产权的市场转化和金融服务创新，实现科技和金融的高效对接，从根本上缓解科技创新创业企业融资难的问题，支持企业加快发展、做强做大，优化中关村示范区创新创业环境。试点工作实施原则是：政府引导、市场运作；财政扶持、风险分担；信用激励、组合推动；资源聚集、风险补偿。采取政府相关部门、金融管理机构、商业银行、担保机构、小额贷款机构、保险机构、知识产权中介机构和企业合作的方式，共同推动中关村知识产权质押贷款工作。试点工作内容主要通过培育 4 项机制，完善知识产权质押贷款工作：一是引导机制，确定一批信用良好、拥有核心技术、未来发展前景良好和有融资能力的科技创新创业企业进行重点培育；二是信用激励机制，以企业信用为基础，实现以"信用促融资、以融资促发展"；三是风险补偿机制，建立财政风险补偿制度，按照发放贷款的规模给予商业银行、担保机构、小额贷款机构一定的风险补贴；四是风险分担机制，通过保险分散企业及银行风险，推动信用保险和银行信贷的优势互补，并建立再担保机制。这项试点推动中小企业无形资产与资本的对接，促进知识产权的成果转化和产业化。

企业家天使投资联盟

2008年5月13日，由柳传志、段永基、王文京、王小兰、冯军、严望佳等50位中关村科技园区知名企业家自发成立了中国第一个企业家天使联盟——中关村企业家天使投资联盟，初始启动资金近430万元，重点关注软件、能源、环保等高科技行业。通过运用"投资+辅导"的模式，并采用一套完整的流程，通过投资人对创业企业不同阶段、多种方式的培育与孵化，促其成长壮大。

2008年6月10日，中关村企业家天使投资联盟信息发布会举行

联盟的投资决策将采用集体负责制,并由相关领域企业家组成专业委员会、决策委员会和顾问委员会,对项目进行投资审核和判断。其中项目本身的价值和创业者本人的诚信水平成为关键考量因素。

同年8月,中关村企业家天使投资联盟推出"雏鹰500创业助推计划",旨在为创业者提供更加贴身的创业辅导和服务,50余位企业家成为首批创业导师。助推计划的行动方案包括:提供一名具有丰富创业经验的企业家创业导师;每月一次的师生谈;隔月一次的创业成长沙龙,邀请3~4位企业家导师与创业者进行座谈和面对面咨询;优先参加由联盟组织的项目秀活动,与中关村知名企业家、天使投资人、投资机构负责人进行交流,得到高层次的创业辅导和争取获得项目投资的机会;参加创业创新年会,提供与创业导师和高科技企业、政府部门、投资机构等有关方面人士联谊、交流的机会;享受政策信息传送、项目申报指导、经营管理培训等北京民营科技实业家协会为会员提供的全方位服务;经辅导和考察的优秀项目将直接推荐给联盟专业委员会审核,有机会获得天使投资以及两位指定创业导师的深层辅导等。

据中关村天使投资联盟统计,2015年中关村示范区的天使投资人达1万人左右,发生在中关村天使投资案例1213个,金额93.88亿元,分别占全国的40.5%和38.8%。

技术创新

"星光"中国芯工程

1999年，中星微电子公司启动和承担了"星光中国芯工程"。在邓中翰率领下，开发设计出拥有中国自主知识产权、具有国际领先水平的"星光"数字多媒体芯片。2001年3月11日，"星光一号芯片"诞生。"星光一号"是中国首枚百万门级超大规模PC图像输入芯片，"星光二号"是全球领先的视频音频同体同步的双模式多媒体芯片，"星光三号"是应用于世界最尖端的手机控制机器人的人工智能视觉芯片，"星光四号"是应用于彩信手机的多媒体处理芯片，"星光五号"是一颗集大成于一身的功能强大的应用于电脑和手机的多媒体芯片。"星光"数字多媒体芯片成为第一个打

星光一号芯片

入国际市场的"中国芯",被三星、飞利浦、惠普、罗技、创新科技、富士通、联想、波导等国际知名企业大批量采用,成功占领了计算机图像输入芯片世界第一的市场份额(达 40% 以上)。该成果全面地分析了数字多媒体芯片技术的共性,提出了一个完全从多媒体数据结构、多媒体处理算法,直到多媒体芯片架构、高速低功耗超大规模集成电路以及嵌入式系统软件技术的整体多媒体芯片技术体系,首次在中国实现了标准与核心技术产品的有机结合,并由低成本的单晶片系统方案实现了高昂的多媒体技术,并实现了多媒体数据驱动平行计算技术、可重构 CPU 架构技术、深亚微米超大规模芯片设计技术、高品质图像处理及动态无损压缩算法技术、CMOS 模数混合电路技术、超低功耗低振幅电路技术、单晶成像嵌入系统技术等七大核心技术突破。"'星光'数字多媒体芯片"获 2004 年度国家科学技术进步奖一等奖。

"百度"网(baidu)

2000 年 1 月 1 日,李彦宏、徐勇携 120 万美元风险投资,从美国硅谷回国,创建了百度公司。5 月,百度公司完成中文搜索引擎的研发,有了自己的第一个产品——中文搜索引擎"百度"(baidu)。百度搜索引擎由 4 部分组成:蜘蛛程序、监控程序、索引数据库、检索程序。门户网站只需将用户查询内容和一些相关参数传递到百度搜索引擎服务器上,后台程序就会自动工作并将最终结果返回给网站。6 月,推出独立搜索门户 baidu.com,

之后迅速占领中国搜索引擎市场，成为主要的搜索技术提供商。百度网以网络搜索为主的功能性搜索，以贴吧为主的社区搜索，针对各区域、行业所需的垂直搜索，mp3 搜索，以及门户频道、IM 等，全面覆盖了中文网络世界所有的搜索需求。根据第三方权威数据，百度在中国的搜索份额达到 83.6%。在面对用户的搜索产品不断丰富的同时，百度还创新性地推出了基于搜索的营销推广服务，并成为最受企业青睐的互联网营销推广平台。百度也一直秉承"弥合信息鸿沟，共享知识社会"的责任理念，坚持履行企业公民的社会责任。百度成立以来，先后投入巨大资源，为盲人、少儿、老年人群体打造专门的搜索产品，解决了特殊群体上网难问题，极大地弥补了社会信息鸿沟问题。2009 年，百度公司推出全新的框计算技术概念，并基于此理念推出百度开放平台，帮助更多优秀的第三方开发者利用互联网平台自主创新、自主创业。百度搜索引擎使用了高性能的"网络蜘蛛"程序自动地在互联网中搜索信息，可定制、高扩展性的调度算法使得搜索器能在极短的时间内收集到最大数量的互联网信息。百度中文搜索引擎的研发成功，使中国成为继美国、俄罗斯和韩国之后，全球 4 个拥有搜索引擎核心技术的国家之一。

第一个通信国际标准

2000 年 5 月 5 日，在土耳其伊斯坦布尔召开的国际电联全会上，经投票表决，由中国大唐电信科技产业集团（李世鹤等主持起草）提出的 TDD 模式的 TD-SCDMA 系统（Time Division – Synchronous Code Division Multiple Access，时分—同步码分多址存取），与欧洲提出的 WCDMA 和美国提出的 CDMA2000 同列为国际 3G 三大标准之一。这是由中国主导制定的第一个通信国际标准。TD-SCDMA 由于采用时分双工，上行和下行信道特性基本一致，因此，基站根据接收信号估计上行和下行信道特性比较容易。此外，TD-SCDMA 使用智能天线技术有先天的优势，而智能天线技术的使用又引入了 SDMA 的优点，可以减少用户间干扰，从而提高频谱利用率。TD-SCDMA 还具有 TDMA 的优点，可以灵活设置上行和下行时隙的比例而调整上行和下行的数据速率的比例，特别适合因特网业务中上行数据少而下行数据多的场合。但是这种上行下行转换点的可变性给同频组网增加了一定的复杂性。TD-SCDMA 是时分双工，不需要成对的频带。因此，和另外两种频分双工的 3G 标准相比，在频率资源的划分上更加灵活。

2006 年 1 月 20 日，信息产业部宣布，大唐电信科技股份有限公司等单位提出的 TD-SCDMA，即时分—同步码分多址存取为中国通信行业标准，并进入商用化阶段。3 月，TD-SCDMA 规模网络技术试验在北京、上海、保定、青岛和厦门五地启动。8 月，中国和韩国签署关于推进 TD-SCDMA 项目合作的谅解备忘录；大唐移动与韩国 SK 电讯共同成立 TD-SCDMA 联合业务开发中心。11 月，TD-SCDMA 测试进入规模放号阶段，在北京、保定、青岛、厦门四城市进行预商用，TD-SCDMA 向商用化迈出了关键的一步。12月,大唐移动承担的"TD-SCDMA第三代移动通信标准与产品开发项目"通过信息产业部验收。

"五笔数码"汉字输入技术

2000年11月26日,由中国发明协会主持召开的"'五笔数码'重大科技发明发布会"在人民大会堂举行,发布了王码电脑公司王永民完成的一整套"只用数字键,单手打汉字"的"五笔数码"汉字输入技术及其应用软件。该项技术首创了"首部、余部、整体字"的取码规则,使编码空间分配合理,既简单易行,又大幅度地减少了重码,建立了新的编码理论,形成了全新的编码体系,达到了实用化程度。其最突出的优点是:重码少,基本不用提示选字;见字识码,即使遇到不能读识的汉字,也能为其编码;大部分汉字可采用简码输入;可进行词组编码输入,每个单字和词组的基本码长都为四码,在同一状态下字、词输入时无需再换挡;经过一定的训练,每分钟输入速度可达120~160个汉字;发明了中国第一个符合国家语言文字规范,能同时处理中、日、韩三国汉字的"98规范王码",推出世界上第一个汉字键盘输入的"全面解决方案"及其系列软件。该项成果首创26键标准键盘形码输入方案,开创了汉字输入能像西文一样方便输入的新纪元。

第一台网络计算机

2002年11月5日,神州数码(中国)有限公司推出第一台完全自主知识产权的网络计算机——神州数码NC。该产品采用了国产"方舟"牌嵌入式中央处理器,它既能像一个典型的终端那样工作,让应用程序在服务器上运行;也能像一个典型的NC那样工作,让应用程序以浏览器/服务器的方式在客户机和服务器上协同运行;还能像一个"独立"的PC那样让应用程序在NC上运行,具备了总拥有成本低、安全、易管理、免维护的特性。该产品从中央处理器到系统、应用软件等核心系统均由国内厂商提供,是地道的"中国牌"网络计算机。

龙芯CPU

2002年8月10日,由北京神州龙芯集成电路设计公司唐志敏、胡伟武等研发的首片"龙芯1号"芯片X1A50流片成功。这是我国第一个高性能通用CPU。"龙芯1号"从性能上说,达到1997年奔腾MMX处理器的水平,使用0.18UM的CMOS工艺制造,频率为200~266MHz,定点和浮点最高运算速度均超过每秒2亿次。此外,内建的基于硬件的系统安全支持是"龙芯1号"的一大特点,对防御黑客与病毒攻击有重要作用,它的实际运行功耗为0.4W,比一般的嵌入式芯片还要低。"龙芯1号"CPU IP核是兼顾通用及嵌入式CPU特点的32位处理器内核，采用类 MIPS Ⅲ 指令集，具有 7 级流水线、32 位整数单元和 64 位浮点单元，具有高度灵活的可配置性，方便集成的各种标准接口。2003 年 10 月 17 日，"龙芯 2 号"首片 MZD110 流片成功。这是全国首款 64 位高性能通用 CPU 芯片。2009 年 9 月 28 日，我国首款四核 CPU 龙芯 3A（代号 PRC60）流片设计成功。商品化的"龙芯"CPU 的研制成功标志着中国已打破国外垄断，掌握了当代 CPU 设计的关键技术，为改变中国信息产业"无芯"的局面迈出了重要的步伐。

龙芯3A

TH-ID 人脸和笔迹识别系统

2005 年 6 月 22 日，由清华大学丁晓青、方驰、刘长松等研制的"TH-ID 系统多模式生物特征（人脸、笔迹、签字、虹膜）身份认证识别系统"在京通过鉴定。该系统包括两大部分内容：人脸、笔迹、签字和虹膜 4 种生物特征的身份认证（识别和验证）的 4 个子系统和利用多种生物特征的多模生物特征融合的身份认证系统。人脸识别认证子系统，具有抗姿态、光照、表情变化的高性能全自动人脸识别认证方法；笔迹鉴别系统，具有独创的基于单个字符的统计笔迹鉴别框架、笔迹鉴别的多个字符的融合方法等。该系统首创风险敏感 AdaBoost 算法实时人脸检测和眼睛定位方法、基于视觉统计模型的高鉴别人脸识别算法以及基于反样本的高性能认证算法等；独创基于单个字符的统计笔迹鉴别框架、笔迹鉴别的多个字符的融合方法以及基于反样本的笔迹认证方法。

液体安全检查系统

2005年10月15日，由清华大学、同方威视技术股份有限公司研制的"液体安全检查系统"通过教育部组织的鉴定。该项目是无损安全检查领域的一种全新的检测技术，能够对各种包装的液态物品进行快速、准确的无损安全检查，主要创新点包括：以CT技术为核心的液态物品检查方法，综合应用了X射线CT成像技术、图像处理和分析技术、智能识别技术等多项发明成果，在包装材料的适用性、能检测的危险品范围、安全液体的误报率等关键指标上都处于领先水平；发明了一种能够有效去除包装影响的CT重建方法，针对液态物品的特点，采用一种改进了的双能基材料分解算法，最大限度地降低了包装形状、材质、直径等因素对重建结果的影响，重建指标达到国际领先水平；发明了

液体安全检查系统LS1516BA

一套能够大幅度提高检测效率和系统可用性的方法和装置，包括"DR 图液体定位算法""多件物品分割算法""分格检测技术""整袋检测技术"等，使得多件液态物品能够同时检查，满足了国际航联的最新规定；发明了一套适合于低成本批量化生产的保证系统测量精度的方法，包括"系统标定技术""探测器分组技术""液体特征提取算法"等，只需使用常规的安检 X 光机和探测器就能实现高精度测量，比同类高精度 CT 系统大大节约了成本。该项技术已在机场、地铁、海关、会展中心等场合广泛应用。该成果在国际上首次将 CT 技术应用于液体安全检查领域，填补了液体安全检查领域的技术空白，突破了传统 CT 技术仅能实现图像分析的局限，提出利用液体物理属性判断被检液体危险程度的创新思路。该成果获 2009 年中国专利金奖。

国家税收综合征管信息系统

2005 年 12 月，由北京神州数码有限公司等单位的崔晓天、王秀、范坚等完成的"国家税收综合征管信息系统"通过了由中国科学院组织的项目验收。该项成果是服务于中国税务行业的大型行业应用软件系统，它以省级大集中管理为运行模式，从功能上覆盖了我国现行税制中所有的国税税种和征管流程中的工作环节，是税收信息化工程的核心系统。针对中国特定的行业应用环境，首次发布和推行了第一套全国统一的税收征管业务标准和管理规范，开发了全国统一的税收征管应用软件，建立了相应的三级运维体系,实现了该系统在全国范围内的推广运行,用技术手段,保证了税收政策在全国范围内的统一执行。该成果提出了开放式、多层次行业应用软件体系架构,研发了具有中国特色的税务行业应用支撑平台,并在其中构建了我国第一个税务行业业务模型与构件库,以此支持税务业务流程的动态重组,实现IT技术与行业业务的有机融合。该项目已在全国34个省级单位的国税局及其下属机构使用,市场覆盖率达94%。该项目取得了信息资源整合平台——Sm@rtESB（SOA架构）；行业应用基础框架平台——Sm@rtFrame；工作流管理平台——Sm@rtFlow；运维监控平台——Sm@rtPilot；新一代税收征管信息系统——NTAIS；CTAIS开放数据交换平台软件——CDAP等6项软件著作权。该项目总结和推行了中国第一套面向全国税收征管业务的技术标准,包括全国统一的税收征管业务规程、代码标准、数据交换标准、外部接口标准和税务部门岗职体系；提出了适合中国国情的多层次、开放式行业应用软件体系架构,包括应用架构、数据架构、集成架构和部署架构,并在其上开发了中国税收信息化历史上第一个全国统一版本的税收征管软件；自主开发了具有中国特色的税务行业应用支撑平台,并在其中构建了我国第一个税务行业业务模型库与构件库。

首款卫星直播数字电视接收芯片

2006年8月,北京中天联科公司开发的基于ABS-S标准的卫星信道接收解调芯片 AVL1108 一次流片成功，这是中国第一款卫星直播数字电视接收芯片。该芯片可完成 QPSK 和 8PSK 解调及 LDPC 解码功能；在 8PSK 模式下可提供 45MSps 符号率，最高 120Mbps 净码率；完全满足"中星九号"上使用 56MHz 转发器的要求。AVL1108 的创新技术点是：主要功能包括基带信号解调和信道解码，用于将卫星调谐器输出的 ABS-S 基带信号转换成 TS 流，并通过简单的接口提供给后端解码芯片。是业内首款在 8PSK 解调模式下，符号速率达到 45MSps，净码流速率达到 120Mbps 的卫星电视接收芯片，可提供更多频道接收和高清晰度电视传输。AVL1108 提供了射频自动增益控制，只需通过简单的阻容网络就可以与前端调谐器连接。AVL1108 集成高性能双通道模数转换器（ADC），具备消除直流、IQ 补偿和相位补偿功能。接收信号经过匹配滤波器、符号时钟恢复环路、载波频率和相位跟踪环路、均衡器、前向纠错解码器，之后生成 TS 流，输送给后端解码芯片。通过标准两线总线控制接口，后端处理芯片可以方便地控制 AVL1108，并通过 AVL1108 提供的 DiSEqC 接口，对下变频器（LNB）进行配置。AVL1108 针对 ABS-S 信号格式进行专门优化处理，能够实现完美的时钟同步和卓越的前向纠错性能。AVL1108 具备极强的抵御相位噪声能力，可以在频偏达到 5MHz 的环境中快速锁定信号，并能维持精确的时钟同步。该芯片的面世，表明中国已经完全掌握了直播卫星数字电视核心接收解调芯片的关键技术。

智能存储卡

2007年9月13日，中国普天信息产业集团公司推出由陈庆方等根据智能移动存储标准实现的智能存储卡PCB版本、COB版本。这两款智能卡紧密结合市场的需求，把存储、

全球第一片智能存储卡

安全、RFID（无线射频电子标签）三者有机融合，是一个应用平台，可在手机、移动数字电视、PMP等便携终端上使用，它具有大容量数据存储、用户鉴权、数据加解密、非接触式刷卡、移动支付等功能，可应用于金融移动支付、电信增值业务、广电移动数字电视、出版业数字内容发行等领域。这是全球首款智能卡，不仅能存储海量数据，还提供一个支持多种行业信息化的应用平台。

奥运电子门票查验服务系统

2008年5月，同方微电子公司与清华大学共同研制成功中国最小尺寸的RFID芯片。芯片最小面积可达到0.3平方毫米，厚度最小达到50微米，可嵌入到纸张内，最远识别距离在5米左右。该芯片已用于"奥运会RFID（Radio Frequency Identification 射频识别）电子门票查验服务系统"，并在第29

届北京奥运会以及第 13 届残奥会投入使用。该系统以 RFID 电子标签技术为基础，综合考虑了制票、售票、验票 3 个核心业务，能够满足实名制应用的特殊要求。该系统具有可追溯性——详细、清晰的操作日志记录体系，可以轻松查到某一时段用户的操作；开放性——采用纯 JAVA 结构，全面支持 J2EE、XML 等标准，标准化的技术提供了标准化的接口，使系统间的连接和集成水到渠成；安全性——提供了包括身份认证、多级权限控制、信息保密、保证数据完整性等一整套完善的安全体系。"四跨"特性——纯 J2EE 技术确保跨平台、跨系统、跨应用、跨地域的特性。支持 4A—B/S 架构、基于规则引擎的报警和联动，实现 Anytime、

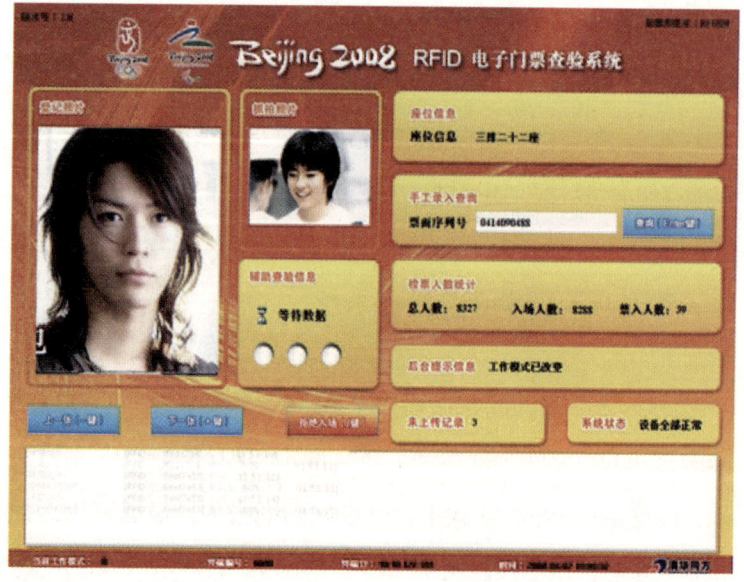

2008年5月，由同方微电子公司与清华大学共同研制成功的"奥运电子门票查验服务系统"

Anywhere、Any Device、Any Network，实现 IT 系统和控制系统的融合——对服务器和终端进行统一控制。"奥运会 RFID 电子门票查验服务系统"完成了奥运会期间的6个城市（包括香港）37 个场馆或场馆群的票务管理任务，使管理员通过浏览器即可对所管辖范围内的终端进行全面的监控，对区域、场馆、终端进行合理的配置，并能进行信息流量查询及结果统计，大大缩减了工作量。检票终端能够检验及显示门票信息，入场人员情况得到严格控制。系统提供的实施维护工具，使工作人员在无网络的办公环境下，也能够进行数据操作、参数设置及故障分析，保证了系统的正常运行。截止到残奥会结束，该系统连续运行 1000 小时无事故，检票 1000 余万张，未让一张问题票进入赛场，电子票证的合格率达到 100%。这是奥运会历史上首次实现采用芯片嵌入的门票。该系统的应用提高了奥运门票的防伪能力，极大地方便了信息统计和门票管理，加强了奥运安全管理，成为"科技奥运"的一大亮点。

爱国者移动存储王

2008 年 8 月 7 日，北京华旗资讯（爱国者）数码科技有限公司正式获得国家密码管理局颁发的商用密码认证。爱国者移动存储商密王，作为率先获得商用密码生产型号认证的移动硬盘一同面市。该公司率先提出移动存储概念，先后推出全球第一款可以启动电脑的 U 盘、第一款具备红外传输功能的 U 盘、第一款具备蓝牙功能的 U 盘、第一款指纹加密型 U 盘等存储产品。2005 年、2008 年，爱国者先后为"神六""神七"提供专业录音及存储设备。其 g-safe 重力感应专利技术、三维动态吸震专利技术、微气囊弹性缓冲专利技术以及身份认证技术等是其竞争力的重要组成。爱国者存储王让国内各企事业单位、政府机关部门及个人使用到安全、保密、放心的移动存储设备，避免泄密造成的各种损失。

2009年4月7日，首款采用国密认证芯片的爱国者安全U盘

曙光 5000A

2008 年 11 月 17 日，全球高性能计算机 TOP500 强排行榜发布，中国曙光 5000A 以峰值速度 230 万亿次、Linpack（Linear system package 线性系统软件包）测试值 180 万亿次的成绩列世界超级计算机前 10 名。曙光 5000A 由曙光公司李国杰、孙凝晖等领衔研发，每秒的 Linpack 性能达到了 174.9 万亿次。曙光 5000A 采用网格技术，体系结构以构件性（Component）、标准性（Standard）、协作性（Coordinate）为基准，采用服务化（Service）、安全化（Security）、专业化（Specialization）、智能化（Intellengce）的 3SI 技术路线。该系统的计算节点机采用

四路四核 AMD Barcelona（主频 2.0GHz）处理器，每个节点 64GB 内存，胖节点机采用八路四核 AMD Barcelona（主频 2.0GHz）处理器，每个节点 128GB 内存，整个系统由 1650 个节点组成庞大机群，共有 6000 多颗 CPU 与 100T 海量内存，其理论浮点峰值为每秒 230 万亿次，采用 20GB，延迟小于 1.3 微秒的 Infiniband 高速网络进行互联，采用了 WCCS+SuSe Linux 双操作系统。由于采用高密度服务器，曙光 5000A 能在大约 75 平方米的占地面积内聚集 230 万亿次的计算能力，而其满负载运行时不带水冷系统功耗只有 700 千瓦，这一方面提高了机群系统的可扩展性，另一方面降低了整个系统的运行成本。曙光 5000A 适用于各种大规模科学工程计算、商务计算。在大规模科学工程计算方面，可以担纲电力电网安全评估、汽车碰撞、电磁辐射、石油勘探开发、气象预报、核能与水电开发利用、各类航天器及飞机汽车舰船设计模拟、各类大型建筑工程安全性评估、生物信息处理等重任，在大规模商务计算方面，它可以为证券、税务、银行、邮政、社会保险等行业和电子政务、电子商务等提供服务。在大规模信息服务方面，它可以在各类游戏网站、门户网站、信息中心、数据中心、流媒体中心、电信交换中心和大型企业信息中心中发挥作用。曙光 5000A 是中国计算机首次突破百万亿次大关，它的研制成功标志着中国成为世界上第二个可以研发生产超百万亿次超级计算机的国家。

分布式变电站自动化系统

2003年2月28日,由北京四方继保自动化有限公司等单位的张振华、秦立军、刘建飞等完成的"CSC2000分布式变电站自动化系统"获2002年度国家科学技术进步奖二等奖。该成果是中国第一个分布式变电站综合自动化系统,将Lon Works现场总线技术应用于变电站自动化系统,并在国内率先采用Lon Works现场总线技术和基于嵌入式以太网的变电站内通信技术,完整地推出了适用于35千伏~500千伏各种不同电压等级变电站综合自动化的方案。该成果提出面向对象的设计思想和采用间隔设计的方法;采用两层式通信结构,并符合未来变电站自动化系统国际标准IEC61850;分布式远动主站采用嵌入式实时多任务操作系统,从测控网络上获取所需信息直接远传至调度中心,满足调度自动化信息直采直送及实时性要求;独具一格的分布式故障录波系统,在提高故障录波可靠性的同时,实现了远方故障分析、装置故障诊断及定值管理;监控系统实现对变电所的监视、测量、控制、运行管理;还有供事故分析处理和调度员培训用的专家系统、Web服务器、变电站综合信息管理系统等。在网络技术应用方面是当时国内唯一采用两层式通信结构,并符合未来变电站自动化系统国际标准IEC61850;微机保护与测控与通用硬件系统具有很高的可靠性,其抗干扰能力符合IEC61000-4国际标准;该系统成功研究并应用多项先进的智能控制技术。

100 纳米高密度等离子刻蚀机和大角度离子注入机

2006年9月28日，由北京北方微电子基地设备工艺研究中心有限责任公司等单位的赵晋荣、张伯旭、耿锦启等完成的"100纳米高密度等离子刻蚀机研发与产业化"和由北京中科信电子装备有限公司唐景庭、伍三忠、程远贵等完成的"100纳米大角度离子注入机"两个项目通过了科技部、北京市组织的验收。

"100纳米高密度等离子刻蚀机"通过大生产线国际标准工艺流程的考核，设备硬件、工艺等技术指标均达到国内领先、国际先进水平。取得等离子体产生控制、反应腔室设计、刻蚀工艺技术、软件技术、硅片传输系统、可靠性工程、仿真设计技术等数十项关键技术突破。搭建了国内一流的设备研发、工艺试验和产品制造平台，初步建立了集成电路装备基础技术研究、系统设计、零部件供应、售后服务体系。培养了一支高素质、专业化的研发和管理团队，为建立国际一流的刻蚀机国家级研发生产基地，实现中国微电子装备产业的可持续发展奠定了人才保证。建立了以企业为主体，科研院所和高校共同参与，与用户广泛合作的产学研用技术创新体系。刻蚀机通过了国际知名集成电路制造厂商的严格考核，并签订了批量销售合同。

"100纳米大角度离子注入机"具有离子源使用寿命长、剂量控制精确、全自动装卸的单片注入、整机全自动控制等特点，可用于8英寸100纳米集成电路制造的工艺生产线，满足源漏区的大角度晕（Halo）、袋（Pocket）、栅阈值调整（Vth）、阱（Well）

等先进注入工艺要求。

国产 8 英寸 100 纳米刻蚀机与注入机的设备设计参数、硬件性能参数、工艺基本参数等设备技术指标达到国际同类 130~100 纳米生产设备标准，使中国高端集成电路核心设备技术水平跨越了 5 代。更为重要的是，这两种设备的技术水平基本与我国集成电路制造业主流技术水平更新同步，使未来 2~3 年中国集成电路制造业从 180 纳米向 130 纳米和 90 纳米升级时可以使用上国产装备，有助于扭转中国集成电路制造装备受制于人的局面。该成果实现了注入机的自动换片功能，开创了国产注入机用计算机控制的先例。

高端彩色打印服务器系统

2007 年 5 月 17 日，由北京北大方正电子有限公司与北京大学计算机研究所的杨斌牵头联合自主研发的"高端彩色打印服务器系统"通过了信息产业部组织的专家鉴定。高端彩色打印控制技术是数码印刷系统保证效率和质量的核心，核心技术内容包括：高速栅格图像处理器（RIP：Raster Image Processor）技术、适合成像特点的挂网技术、高精度色彩校正技术、高速硬件接口及驱动技术、可变数据打印技术、跨平台网络打印技术等。项目打破了国外技术垄断，在图像半色调网点调制技术、图形文字边缘增强技术、并行处理效率等方面居领先水平。该项目获 12 项专利授权，申请并获受理的发明专利有 25 项（其中 9 项为国际专利）。该项目的成功研制，改变了出版印刷的业务形态，推动数码印刷进入普及应用，实现零库存的按需印制报纸、书籍、刊物以及个性化信息服务，减少纸张浪费，节省木材、化学胶片、药液、金属板材等消耗，弥补了中国在打印服务器领域的空白。

1000千伏特高压工程

2009年1月6日，由北京四方继保公司承接的南阳站特高压工程168小时试运行圆满结束。1000千伏晋东南—南阳—荆门是国内第一条也是最高电压等级的输电线路，是国家电网公司重点工程的示范工程。其中南阳开关站终期1000千伏线路10回，主变3×3×1000兆伏安将是世界最大的变电工程。特高压工程也是四方公司的重点工程，四方继保公司承接了南阳站的综自工程及3个变电站的特高压线路保护以及保护信息子站等项目。特高压输电具有输电容量大、送电距离长、线路损耗低、工程投资省、走廊利用率高和联网能力强的特点。其中特高压输电的技术研究、工程设计、设备制造、建设施工、调试试验等已经通过了实践检验。该项目试运行的成功标志着中国在远距离、大容量、低损耗的特高压核心技术和设备国产化上取得重大突破。

科兴公司系列疫苗

甲型肝炎灭活疫苗 2002年5月27日，北京科兴生物制品有限公司尹卫东等研制成功的中国第一支甲型肝炎灭活疫苗——孩尔来福获得国家药品监督管理局药品批准文号。孩尔来福为高纯度精制灭活甲肝疫苗，是使用本国毒株和2BS细胞进行病毒扩增和收获，经多步纯化而成，产品中甲肝病毒纯度很高，杂蛋白含量在μg水平，因此副反应轻微。临床研究表明，无论是成年人还是儿童，在接种孩尔来福之后一个月，抗体转阳率均达到100%。成人抗体水平达到1657mIU/mL，儿童抗体水平高达5963mIU/mL，免疫应答、抗体水平等同于国外甲肝灭活疫苗。在国内首次使用国际先进的Cell Factory细胞生物反应器用于细胞培养和甲肝病毒的工业化生产；在国内首次使用国际先进的铝吸附模块用于甲肝病毒抗原吸附的工业化生产。同时，经验证，孩尔来福达到了FDA（美国药品与食品管理局）GMP规范的标准。

人用禽流感疫苗 北京科兴与中国疾病预防控制中心合作，经过一年多的攻关，完成"人用禽流感疫苗研制"临床前研究，2005年11月14日，通过科技部专家组验收。该疫苗是流感H5N1全病毒灭活疫苗，所用毒株是世界卫生组织推荐并发放的NIBRG14型毒株，采用反向遗传技术制备，具有非致病性；产品含有氢氧化铝佐剂，可以增强人体对疫苗的反应，减少有效的单剂抗原接种剂量，覆盖更多人群。

2008年4月2日，在Ⅰ期、Ⅱ期临床试验成功后，国家食品药品监督管理局宣布，中国第一支人用H5N1禽流感疫苗——大流行流感病毒灭活疫苗盼尔来福（Panflu）的注册申请已获审批通过，并颁发药品批准文号，批准疫苗生产。这是中国应对禽流感和可能的流感大流行进程中一个具有里程碑意义的事件。这标志着中国成为继美国之后第二个具备人用禽流感疫苗制备技术和生产能力的国家。

甲型 H1N1 流感疫苗 2009 年 9 月 3 日，国家食品药品监督管理局召开新闻发布会，宣布北京科兴公司获得国家食品药品监督管理局颁发的甲型 H1N1 流感病毒裂解疫苗药品注册批件和新药证书，这是全球第一个获准生产的甲型 H1N1 流感疫苗。临床试验结果初步显示，该疫苗安全性良好，疫苗一剂免疫后 21 天，儿童、少年和成人 3 个年龄组保护率均在 81.4%~98.0%，达到了国际公认的评价标准（保护率 70% 以上）。获批疫苗分为 30μg/1.0mL/ 瓶、15μg/0.5mL/ 瓶和 15μg/0.5mL/ 支 3 种规格，可用于 3~60 岁人群的预防接种。该疫苗在国际上首次证明了甲型 H1N1 流感疫苗的安全性和有效性，使中国成为世界上第一个可以应用甲型 H1N1 流感疫苗的国家。

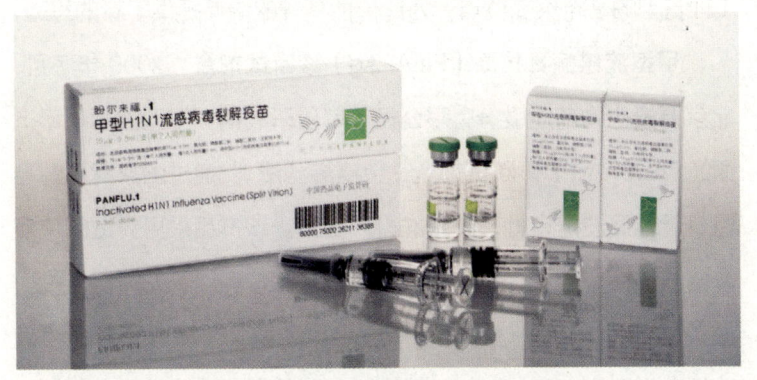

科兴公司研制的甲型 H1N1 流感病毒裂解疫苗"盼尔来福.1"

生物芯片

首款遗传性耳聋基因检测芯片 2007年,由生物芯片北京国家工程研究中心暨博奥生物有限公司程京牵头,经过3年努力,研制出遗传性耳聋基因检测芯片,并在2009年9月22日,取得国家医疗器械注册证书。该基因检测芯片是在一块指甲大小的玻片或硅片上植入已知基因序列的核酸片段作为生物探针,通过与样品进行反应发出信号,再用计算机技术收集信号数据,分析样品的基因突变情况来诊断遗传性疾病。基因检测芯片技术具有高效率、高通量、低成本等特点。除了可以检出神经性耳聋和大前庭水管综合征的患者,还可检出药物性耳聋基因携带者。这一芯片可以提供从孕前、产前到出生的基因检测,可检出90%的药物性耳聋基因突变位点,帮助生育父母及时获知新生命的遗传信息并采取措施,降低新生儿患遗传性耳聋的概率。它是中国第一款遗传性耳聋基因检测芯片,涵盖了导致中国人群耳聋最常见的4种基因的9个突变位点,为遗传性耳聋的治疗提供了新的思路。

甲型流感病毒抗原(FluA-Ag)诊断试剂盒 2009年7月,北京万泰生物药业股份有限公司等单位研制的"甲型流感病毒抗原(FluA-Ag)诊断试剂盒(免疫渗滤法)"通过国家食品药品监督管理局注册审批,并获准投产上市。该产品采用先进的免疫渗滤法,操作简便,具有出色的灵敏度和特异性,无需任何仪器设备,可在20~30分钟内有效检出甲型H1N1流感病毒,与确诊标准甲型H1N1流感核酸检测(PCR法)的符合率达92%以上,特异性达 99% 以上，适用于甲型流感初筛和快速检测。患者就诊至确诊时间由人均 5.5 天缩至 2 天以内，且检测费用也大幅降低至 100 元以下。

致聋基因检测芯片 2011 年 11 月，北京博奥生物有限公司研发出全球首张用于临床的致聋基因检测芯片。该芯片结合生物医药检测技术和微电子技术，将核酸或蛋白质片段有序地组合在基片上，将待检样本与芯片上的核酸或蛋白质进行反应，从而分析出待检标本的相应成分。该芯片能同时检测重度先天性耳聋、药物性耳聋等与聋病相关的 9 个基因位点，简化了"致聋基因筛查"的过程，取几滴血液滴在生物芯片上，6 个小时后就能找出致聋基因。利用该芯片进行致聋基因筛查可以尽早明确耳聋病因，及早采取治疗干预措施，以便降低聋儿出生概率。这种检测可帮助医生从病因学角度辅助耳聋诊断、查明致聋病因，同时也可以指导患者用药、避免药物致聋。另外，还可用于产前诊断、筛查育龄夫妇是否携有致聋基因并及早评估胎儿的致聋风险，使更多人远离"无声世界"。

有机发光显示器（OLED）

2002 年 11 月 11 日，北京维信诺公司与清华大学的邱勇等共同研制成功国内第一款全彩色有机发光显示器（OLED，Organic Light Emitting Display）。该显示器尺寸为 1.28 英寸，显示色彩为 26 万色，分辨率为 64×3×64。材料通电后，材料上的有机涂层可在电子的运动下显现出不同颜色的图像。2008年9月27日,"神舟七号"载人航天飞船宇航员成功完成太空行走,其所穿着的"飞天"舱外航

中国大陆第一条OLED生产线

天服采用了这款平板显示器OLED。该显示器用于显示航天员舱外行走时航天服的状态数据,解决了高真空、力学振动冲击、高低温、电磁干扰等技术问题,在工艺设计、可靠性方面达到了航天要求。该舱外航天服的OLED显示屏使显示器更大、更薄、更省电、更能耐受高低温,显示色彩更艳丽,方便了航天员查看。该成果实现国内OLED产业从无到有,标志中国在光电显示产业上依靠自主研发和创新,尤其是将OLED产品应用于航天飞行宇航服在世界上尚属首例,其成功应用是中国航天服研制上的一大创新。

2012年1月27日,由清华大学、北京维信诺科技有限公司邱勇等完成的"有机发光显示材料、器件与工艺集成技术和应用"获国家技术发明奖一等奖。

第一组超导电缆

2004年7月10日,由清华大学、北京英纳超导技术有限公

司合作研发、生产的高性能铋系高温超导长线材——中国第一组超导电缆在昆明普吉电站并网，使我国成为继美国、丹麦之后，世界上第三个将高温超导电缆投入电网运行的国家。在研发过程中，该成果在高质量超导前驱粉纯度、相结构及组成、形状、粒度及流动性控制的制备及处理方法等方面实现了技术创新，在系统研究中间变形参数对晶粒取向、裂纹形成及致密度的影响规律基础上，实现了以提高晶粒取向度及致密度为目标的中间形变工艺的优化；开发出了具有绝缘性、可焊接性、低热导率、低交流损耗、高温超导细线等具有不同实用要求的高温超导带材的制备方法，形成了具有自主知识产权的核心技术，打破了发达国家的技术垄断，并研制出长度达 1000 米、临界电流达 95 安培铋系高温超导长线。它的通电能力约为铜导线的 100 倍。

仁创生态砂基透水砖

2006 年 5 月，北京仁创科技有限公司的秦升益等研发的"仁创生态砂基透水砖"在北京通过中关村管委会组织的专家技术评审。该生态砂基透水砖创新点是，通过"破坏水的界面张力"的透水原理，有效解决了传统的通过孔隙透水易被灰尘堵塞的技术难题；通过发明一种环保型、高强度的黏结剂及免烧结成型工艺，首创出以沙漠中风积沙为原料的生态砂基透水砖及配套技术产品的生态建材，替代了用传统的水泥砂浆来黏结的办法。其特点是：97% 的主体材料是将沙漠中的沙子经过特殊工艺加工后制成的

"生泰砂",节省了宝贵的黏土资源;砖的制作过程免烧结,节约了能源;砖在渗水的同时还能对水进行过滤和净化,有利于回收水资源;砖面光洁如镜却具有很好的防滑功能;砖的使用周期结束后还可回收循环再利用。该生态砂基透水砖从2005年冬开始推向市场,已经在中南海国务院办公区、科技部办公区、中央统战部办公区、奥运场馆和金融街等全国100余个工程中采用,已铺设30多万平方米。该成果首创以沙漠硅砂为原料研制生态透水与防水建材;研发出系列透水与防水沙漠硅砂产品,通过系统集成,形成城市与农村雨洪利用成套新技术——道路雨水渗透系统、建筑雨水储用系统、农用雨洪储用系统、饮水净化储用系统。独创反应性覆膜技术,实现微颗粒全包覆;有机与无机复合生成微纳结构技术,实现微颗粒界面改性;高频微振技术,实现免烧结成型。自主配套研制硅砂产品生产设备,制定有关产品检测方法与评价体系,形成企业产品标准及行业标准。

12英寸硅单晶抛光片

2006年12月,北京有研半导体材料股份有限公司研制成功直径12英寸硅单晶抛光片,在产品的研发过程中,解决了硅单晶生长装备改造、24~28英寸热场设计与制造、专用籽晶及夹持技术、熔体对流、氧及相关缺陷控制、细线径切片、砂浆国产化与回收、双面磨削、双面抛光、硅片热处理以及10级净化厂房自主设计与安装等一系列关键技术,形成了包括晶体生长、切割、倒角、磨削、抛光、清洗、热处理以及检测的一整套制备12英寸硅单晶抛光片的技术，申请25项专利，并建成国内第一条月产1万片的直径12英寸硅单晶抛光片中试生产线，实现了12英寸硅抛光片的小批量供应。该项成果在研制过程中攻克了12英寸硅单晶生长的热场设计和安全、杂质和缺陷的控制、硅片几何参数的精密控制、表面金属和颗粒的去除等关键技术难题，形成了从单晶生长到晶片加工、处理和检测的自有成套技术，并利用该套技术开发成功直径12英寸硅单晶抛光片新产品，可满足0.13~0.10微米线宽的先进集成电路制造技术要求，填补了国内空白。

高性能稀土永磁材料

2008年12月29日，钢铁研究总院、北京中科三环高技术股份有限公司、安泰科技股份有限公司的李卫、胡伯平、喻晓军等承担完成的"高性能稀土永磁材料、制备工艺及产业化关键技术"获2008年度国家科学技术进步奖二等奖。该项目发明了"合金薄片制备装置及工艺"，研制出中国第一台600公斤真空感应速凝炉，解决了优质永磁速凝带的关键技术。针对千吨级高性能钕铁硼永磁生产线中存在的共性问题，解决了合金微观结构控制、成分偏析控制等技术难题，发明了"多织构整体烧结成型稀土永磁体及其制造方法"。发明了"烧结稀土永磁合金及其制造方法"和"单织构R（稀土）-Fe-B永磁速凝合金带及其制备技术",推动了整个行业产业化规模和产品档次的提高。掌握了 N55 档钕铁硼磁体产业化、辐环、高使用温度磁体等生产的核心技术。产品已在"神舟"飞船和"嫦娥"探月工程等国防与民用高技术领域的核心器件上使用。该项目在国际上率先研制出 SmCo 高温磁体,在 500℃时,磁体的性能指标为:Br=6.87kGs,Hbc=5.4kOe,Hcj=8.01kOe。国内尚无单位能生产 500℃使用的高温稀土永磁体。项目还发明了"多织构整体烧结成型稀土永磁环及其制造方法",研制的高性能辐向多极磁环,同时具有较好的力学特性。其气隙磁密达到 0.4T,且多极环的极间磁密差很小,气隙磁密波形优于正弦波。国外同类磁环的气隙磁密为 0.3~0.35T。商业化钕铁硼永磁环性能达到或超过日本、欧洲等发达国家同类产品的最高水平。在特种用途及新型稀土永磁材料探索方面,合成了具有高居里温度、单轴各向异性的 1:7 型金属间化合物;发明了"高强韧性稀土永磁材料及其制备方法"制备出抗弯强度为 397MPa 的高强度烧结 NdFeB 磁体,国际上报道的最高水平只有 320MPa。技术成果辐射行业内的主体企业,仅烧结钕铁硼产量就由"十五"开始时的 6500 吨上升到 2006 年的 4 万吨,超过世界产量的 70%,高性能产品档次由 42MGOe 上升到 55MGOe。

生物反应器

2008 年 6 月 22 日,由清华大学、北京碧水源科技股份有限公司等单位的黄霞、樊耀波、文湘华等完成的"低能耗膜—生物反应器污水资源化新技术与工程应用"通过教育部组织的鉴定。该项目从降低能耗和成本入手，开发了3种具有自主知识产权的低能耗膜—生物反应器（流化床型、气升循环分体式、平板式）和3种不同型式的膜组件单元；首次研发了基于廉价微网基材的动态膜—生物反应器，可大幅度降低膜组件成本和运行能耗；提出了经济曝气量和次临界通量的操作模式，并在

用于国家大剧院水处理系统的生物反应器

不同型式的膜—生物反应器中均得到了很好的应用，可有效地控制膜面污泥沉积；研发了投加混凝剂和氧化剂的混合液膜过滤性调控技术，膜运行周期延长2~4倍；开发了两种适合不同规模和自动化操作程度的膜污染在线化学清洗模式，并在实际工程中得到了应用。该成果解决了膜生物反应器（MBR）三大国际技术难题：膜材料制造、膜设备制造和膜应用工艺，已获授权国家发明专利17项。该项成果已在北京密云水厂（日处理能力4.5万吨）、北京温榆河水资源利用工程（日处理能力10万吨）、怀柔再生水厂（日处理能力3.5万吨）、无锡硕放污水处理厂（日处理能力2.5万吨）等大型污水处理与回用工程中，并取得显著成效。

"神舟"载人航天飞船

"神舟一号" 1999年11月20日凌晨,由中国空间技术研究院等研制的中国第一艘无人试验飞船"神舟一号"在酒泉航天发射场发射升空。当日18时,地面控制中心向已围绕地球运行了14圈的"神舟一号"发出了返回指令,飞船开始返回。21日凌晨,"神舟一号"按照预定计划,降落在预定地点。飞船总体结构为"三舱一段",即由推进舱、返回舱、轨道舱和一个附加段构成。推进舱是飞船在太空运行和返回地面的动力装置,位于飞船的底部;返回舱是宇航员升空、返回和工作、生活的舱段,是整个飞船的控制中心,位于飞船的中部;轨道舱是宇航员在轨道上的工作场所,装有各种试验仪器和设备;附加段是为与其他航天飞行器对接而备用的。"神舟一号"飞船总长8.8米,最大直径处2.8米,入轨质量约7.6吨。"神舟一号"飞船首次采用了在技术厂房对飞船、火箭联合体垂直总装与测试,整体垂直运输至发射场,进行远距离测试发射控制的新模式。

"神舟二号" 2001年1月10日,由中国空间技术研究院研制的"神舟二号"飞船在酒泉卫星发射中心发射升空。"神舟二号"自主飞行期间主要进行了材料科学、生命科学试验,同时穿插进行部分对地观察设备的在轨测试试验及空间天文、环境监测仪器的试验任务。这是中国首次在自己研制并发射的飞船上进行多学科、大规模和前沿性的空间科学与应用研究。"神舟二号"飞船有效载荷64件,包括返回舱15件、轨道舱12件、附加段37件,以空间观测和科学实验为主，主要包括：多工位空间晶体生长炉、空间晶体生长观察装置、空间蛋白质结晶装置、空间通用生物培养箱、空间天文观测系统、窗口组件、空间环境监测系统、微重力仪、有效载荷公用设备等。有效载荷配置飞船在轨 162 天，各项有效载荷按运行控制流程圆满完成试验任务。这标志着中国空间科学研究和空间资源的开发进入了新的发展阶段。

"神舟三号" 2002 年 3 月 25 日，由中国空间技术研究院研制的"神舟三号"飞船发射成功。飞船搭载了人体代谢模拟装置、拟人生理信号设备以及形体假人，能够定量模拟航天员呼吸和血液循环的重要生理活动参数。这次发射，逃逸救生系统也进行了工作。这个系统是在应急情况下确保航天员安全的主要措施。飞船拟人载荷提供的生理信号和代谢指标正常，验证了与载人航天直接相关的座舱内环境控制和生命保障系统。"神舟三号"轨道舱在太空留轨运行 180 多天，并进行了一系列空间科学实验。

"神舟四号" 2002 年 12 月 30 日，由中国空间技术研究院研制的"神舟四号"飞船的升空，是载人航天工程实施以来技术要求最高、参试系统最全、难度最大的一次飞行试验，还面临载人航天发射以来最为严峻的考验：发射场有史以来罕见的严寒，最低气温接近 -30℃，超过低温发射条件近 10℃，且飞船发射已进入不可逆状态。"神舟四号"飞船最后的成功发射，标志着中国载人航天工程经受住了无人状态下最全面的飞行试验考验，创造了中国航天史上低温发射的新纪录，也创造了世界航天史上火箭低温发射的奇迹。

"神舟五号" 2003 年 10 月 15 日，杨利伟乘坐由中国空间技术研究院研制的"神舟五号"飞船发射升空。"神舟五号"载人飞船返回舱内搭载有一面具有特殊意义的中国国旗、一面北京 2008 年奥运会会徽旗、一面联合国国旗、人民币主币票样、中国首次载人航天飞行纪念邮票、中国载人航天工程纪念封和来自祖国宝岛台湾的农作物种子。"神舟五号"飞船首次增加了故障自动检测系统和逃逸系统。其中设定了几百种故障模式，一旦发生危险立即自动报警。即使飞船升空一段时间之后，也能通过逃逸火箭而脱离险境等。2003 年 10 月 16 日清晨 6 时 23 分，中国的"神舟五号"飞船在起飞 21 小时后，顺利降落在内蒙古空旷的草原上。"神舟五号"突破了载人飞船再入升力控制、应急救生、软着陆、GNC 故障诊断、舱段间分离、防热等 13 项关键技术。标志着中国继美国、俄罗斯之后，第三个有能力独自将人送上太空的国家，太空中没有中国人足迹的历史到此结束。

"神舟六号" 2005 年 10 月 12 日，由中国空间技术研究院研制的"神舟六号"飞船发射成功。"神舟六号"飞船仍为推进舱、返回舱、轨道舱的三舱结构，整船外形和结构与原来相同，重量基本保持在 8 吨左右。飞船入轨后先是在近地点 200 公里，远地点 350 公里的椭圆轨道上运行 5 圈，然后变轨到距地面 343 公里的圆形轨道，绕地球飞行一圈需要 90 分钟，飞行轨迹投射到地面上呈不断向东推移的正弦曲线。轨道特性与"神舟五号"相同。"神舟六号"飞船围绕两人多天任务的装备改进，如准备了足量甚至余量的航天员消耗品，包括食品、水、睡袋等；提高航天员安全性的改进，返回舱中航天员的座椅设计了着陆缓冲功能，这是为了在反推火箭发生故障时依然能够保证航天员安全，研制了舱门密闭快速自动检测装置和一种专用抹布等。

"神舟七号" 2008年9月25日，由中国空间技术研究院研制的"神舟七号"飞船从中国酒泉卫星发射中心发射升空，于2008年9月28日17点37分着陆于内蒙古四子王旗主着陆场。飞行共计2天20小时27分钟。"神舟七号"飞船全长9.19米，由轨道舱、返回舱和推进舱构成。轨道舱——作为航天员的工作和生活舱，以及用于出舱时的气闸舱，配有泄复压控制、舱外航天服支持等功能，内部有航天员生活设施。轨道舱顶部装配有一颗伴飞小卫星和5个复压气瓶，无留轨功能。返回舱——用于航天员返回地球的舱段，与轨道舱相连，装有用以降落的降落伞和反推力火箭，实行软着陆。推进舱——装有推进系统，以及一部分的电源、环境控制和通信系统，装有一对太阳能电池板。"神舟七号"载人飞船重达12吨。长征2F运载火箭和逃逸塔组合体整体高达58.3米。"神舟七号"飞船载有3名宇航员，他们的主要任务是实施中国航天员首次空间出舱活动，同时开展卫星伴飞、卫星数据中继等空间科学和技术试验。"神舟七号"升空，中国人开始以完全自主的方式在太空中漫步，标志着中国航天事业的又一个全新的开始。

北斗导航卫星

"北斗一号" 2000年10月31日,由中国空间技术研究院周儒欣领衔研制的第一颗"北斗一号"导航卫星发射升空。同年12月21日,由中国空间技术研究院研制的第二颗"北斗一号"导航卫星发射升空。2003年5月25日,由中国空间技术研究院研制的第三颗"北斗一号"导航定位卫星被送入太空。至此,上述3颗"北斗一号"工作星组成了完整的"北斗一号"卫星导航定位系统,该系统的功能是:导航与通信的集成增强了导航能力和搜索救援能力,可实现用户信息共享和信息交换,精确度在10米之内;多系统兼容服务,可以实现公开服务、相互兼容,必要时提供多系统监测信息和差分改正信息;提供双向授时授权服务;以双向伪距时间同步方法摆脱卫星时间同步与精密轨道之间的依赖关系。它的研制成功标志着我国打破了美、俄在此领域的垄断地位,有了中国自主建立的卫星导航系统。

"北斗二号" 2007年4月14日,由中国空间技术研究院研制的第一颗"北斗二号"导航卫星发射升空。2009年4月15日,中国空间技术研究院研制的中国第二颗"北斗二号"导航卫星发射升空。

第八颗导航卫星 2011年4月10日,中国在西昌卫星发射中心成功将第八颗北斗导航卫星送入预定轨道。这是一颗倾斜地球同步轨道卫星,它与2010年发射的5颗导航卫星共同组成"3+3"基本系统(即3颗GEO卫星加上3颗IGSO卫星),经过一段时间的在轨验证和系统联调后,具备了向中国大部分地区提供初始服务的条件。

第十颗导航卫星 2011年12月2日,中国在西昌卫星发射中心用"长征三号甲"运载火箭将中国第十颗北斗导航卫星成功送入太空预定转移轨道,这是中国北斗卫星导航系统组网的第五颗倾斜地球同步轨道卫星。至此,中国北斗区域卫星导航系统已基本完成系统建设,将为中国及周边部分地区提供连续无源定位、导航、授时等服务,满足交通运输、渔业、林业、气象、电信、水利、测绘等行业的应用需求。

第十六颗导航卫星 2012年10月25日,中国在西昌卫星发射中心用"长征三号丙"运载火箭,成功将第十六颗北斗导航卫星发射升空并送入预定转移轨道。这是一颗地球静止轨道卫星,它将与先期发射的15颗北斗导航卫星组网运行,形成区域服务能力。

2012年10月25日,第十六颗北斗导航卫星发射升空

区域服务 2012年12月27日,我国自主建设、独立运行的全球卫星导航系统——北斗卫星导航系统正式提供区域服务,范围覆盖包括我国及周边地区在内的亚太大部分地区。

发射北斗导航卫星使用的"长征三号丙"和"长城三号甲"运载火箭由中国运载火箭技术研究院研制。

中关村西区

中关村国家自主创新示范区时期
（2009年3月—　　）

  这一时期，国务院做出建设中关村国家自主创新示范区的批复，中关村成为中国首个国家级自主创新示范区。随着企业系列先行先试改革试点，特别是"1+6"系列政策和"新四条"政策的实施，中关村迈出了新一轮体制机制创新的步伐。《中关村国家自主创新示范区条例》的颁布实施，为中关村示范区建设提供法律保障。建立人才特区，实施中关村高端领军人才聚集工程，构建与国际接轨、与社会主义市场经济体制相适应、有利于科学发展的人才体制机制。中关村示范区建设国家科技金融创新中心，初步形成跨部门、跨系统的科技金融联动工作机制。

  这一时期，在加快建设成为具有全球影响力的科技创新中心的目标鼓舞下，中关村创新创业生态环境充满生机，形成了

企业、高等院校和科研机构两大技术和产品创新源，技术和产品创新呈现全方位开花结果的局面。中关村企业制定了3C协同领域首个完整ISO国际标准体系；研发生产了我国首个脑起搏器，为治疗帕金森病、癫痫等功能性神经疾病和强迫症、抑郁症等精神疾病带来了福音。多靶向抗肺癌新药"恩妥宾"问世，能抑制癌细胞的生长、繁殖，能够较好地阻止某些类型肺癌的恶化。推出国内首款双核1.5G小米手机，成为当时最快的智能手机。研制生产的XKA28105×300数控桥式龙门车铣复合机床，打破了迄今世界上超大型、超重型数控龙门镗铣床使用的最大整体铸铁形式的横梁纪录。自主研发的34台3兆瓦海上风电机组在上海东海大桥10万千瓦海上风电场投入运行，打破了国外对海上风机的垄断，填补了国内的空白。"德青源沼气发电厂"项目被联合国开发计划署和全球环境基金联合授予"全球大型沼气发电技术示范工程"。"嫦娥二号"卫星发射升空，开辟了地月之间的"直航航线"。与此同时，涌现出滴滴出行、无人直升机、百度人工智能产品、ofo共享单车、智能机器人等新产品、新业态、新模式。

企业先行先试改革试点

企业股权和分红激励改革试点 2009年5月8日,为贯彻落实国务院《关于同意支持中关村科技园区建设国家自主创新示范区的批复》中"开展股权激励试点"的精神,中关村国家自主创新示范区领导小组印发《中关村国家自主创新示范区股权激励改革试点单位试点工作指导意见》(简称《指导意见》)。《指导意见》规定,试点范围是示范区内的北京市属高等院校、科研院所、院所转制企业以及国有高新技术企业。激励对象是对试点单位做出突出贡献的科技人员和经营管理人员。参加试点的高等院校和科研院所可以采取科技成果入股、科技成果收益分成以及其他激励方式;院所转制企业和国有高新技术企业可以采取科技成果入股、科技成果折股、股权奖励、股权出售、股份期权、分红权、科技成果收益分成以及其他激励方式。

2010年2月1日,财政部、科技部印发《关于〈中关村国家自主创新示范区企业股权和分红激励实施办法〉的通知》(简称《实施办法》)。《实施办法》规定,股权激励是指企业以本企业股权为标的,采取以下方式对激励对象实施激励的行为:1.股权奖励,即企业无偿授予激励对象一定份额的股权或一定数量的股份;2.股权出售,即企业按不低于股权评估价值的价格,以协议方式将企业股权（包括股份，下同）有偿出售给激励对象；3.股票期权，即企业授予激励对象在未来一定期限内以预先确定的行权价格购买本企业一定数量股份的权利；4.分红激励，是指企业以科技成果实施产业化、对外转让、合作转化、作价入股形成的净收益为标的，采取项目收益分成方式对激励对象实施激励的行为。《实施办法》规定，激励对象应当是重要的技术人员和企业经营管理人员，包括对企业科技成果研发和产业化做出突出贡献的技术人员、对企业发展做出突出贡献的经营管理人员等。同时规定，企业不得面向全体员工实施股权或者分红激励。企业监事、独立董事、企业控股股东单位的经营管理人员不得参与企业股权或者分红激励。《实施办法》规定，企业用于股权奖励和股权出售的激励总额，不得超过近3年税后利润形成的净资产增值额的35%。其中激励总额用于股权奖励的部分不得超过50%。企业以股票期权方式实施激励的，应当在激励方案中明确规定激励对象的行权价格。企业可以以下方式实施分红激励，由本企业自行投资实施科技成果产业化的，自产业化项目开始盈利的年度起，在3~5年内，每年从当年投资项目净收益中，提取5%~30%用于激励。向本企业以外的单位或者个人转让科技成果所有权、使用权（含许可使用）的，从转让净收益中，提取20%~50%用于一次性激励。以科技成果作为合作条件与其他单位或者个人共同实施转化的，自合作项目开始盈利的年度起，在3~5年内，每年从当年合作净收益中，提取5%~30%用于激励。以科技成果作价入股其他企业的，自入股企业开始分配利润的年度起，在3~5年内，每年从当年投资收益中，提取5%~30%用于激励。

2010年10月11日，国务院国资委印发《关于在部分中央企业开展分红权激励试点工作的通知》（简称《通知》），决定在注册于中关村国家自主创新示范区的中央企业所属企业中，开展分红权激励试点。《通知》明确，试点企业应为注册于中关村国家自主创新示范区内中央企业所属高新技术企业、院所转制企业及其他科技创新型企业，具有明确的发展战略，主业突出、成长性好，内部管理制度健全；人事、劳动、分配制度改革取得积极进展；具有发展所需的关键技术、自主知识产权和持续创新能力。二是明确了试点激励方式，主要采取岗位分红权和项目收益分红两种方式。企业实施重大科技创新和科技成果产业化的，可以实施岗位分红权激励，岗位分红权激励对象原则上限于在科技创新和科技成果产业化过程中发挥重要作用的企业核心科研、技术人员和管理骨干。实施岗位分红权激励的人员，应为企业通过公开招聘、企业内部竞争上岗或者其他方式产生的岗位任职人员。参与岗位分红权激励的激励对象原则上不超过本企业在岗职工总数的30%。项目收益分红激励对象应为科技成果项目的主要完成人，重大开发项目的负责人，对主导产品或者核心技术、工艺流程做出重大创新或改进的核心技术人员，项目产业化的主要经营管理人员。三是明确了激励对象的范围和激励水平，强调将激励力度与业绩持续增长挂钩，促进企业科技创新能力不断提高。四是强调对激励对象进行严格考核，对于未达到考核标准的，将终止其分红权激励资格，切实做到激励与约束相结合。五是明确了激励方案的制订与审批程序等。《通知》确定，进行分红激励试点的企业包括中国核工业集团公司、中国航天科技集团公司、中国航天科工集团公司、中国航空工业集团公司、中国船舶重工集团公司、中国电子信息产业集团公司、中国节能环保集团公司、中国机械工业集团有限公司、机械科学研究总院、中国钢研科技集团有限公司、北京有色金属研究总院、北京矿冶研究总院、电信科学技术研究院等13家。

2010年12月9日，中关村国家自主创新示范区领导小组印发《关于进一步推进中关村国家自主创新示范区股权激励试点工作的通知》（简称《通知》）。《通知》规定，实施股权激励试点的企业将享受以下5项支持措施：优先参与高新技术企业认定辅导；优先享受相关优惠政策辅导；将符合条件的产品认定列入《北京市自主创新产品目录》，同等条件下，政府优先采购；对于符合条件的试点单位，同等条件下，优先给予科技型中小企业创新、高新技术成果转化项目认定等资金支持；对于符合条件的试点单位，同等条件下，优先推荐列入北京市重大科技成果产业化落地项目资金支持。

企业股权和分红激励改革试点突破以往对科技人员仅限于授予荣誉或给予一定物质的表彰奖励方式，提出了股票期权、技术入股、股权奖励等多种形式的股权激励方式；提出了岗位分红权激励、项目收益分红激励等新型的奖励方式，以此来调动科技人员的积极性和创造性，以达到促进创新成果转移，实现技术创新与市场需求的有效对接之目的。提出了实施岗位分红权激励的人员，应为企业通过公开招聘、企业内部竞争上岗或者其他方式产生的岗位任职人员。

截至 2015 年底，中关村示范区共有 106 项股权激励和分红激励试点方案获得批复，其中中央单位 41 家、市属单位 65 家，共有 404 名科研和管理人员获得股权，激励总额 2.17 亿元。

科技重大专项列支间接经费试点 2009 年 6 月 24 日，中关村国家自主创新示范区领导小组印发《中关村国家自主创新示范区重大专项（课题）经费间接费用列支管理办法（试行）》（简称《管理办法》）。《管理办法》规定，科技重大专项试点项目是：国务院批准的 16 个国家科技重大专项；北京市委、市政府批准的北京科技重大专项，包括"科技北京"行动计划（2009—2012）确定的重大科技工程、《北京市中长期科学和技术发展规划纲要（2008—2020 年）》确定的 18 个重大科技专项以及"北京市调整和振兴产业实施方案"中的科技重大项目。《管理办法》规定，示范区内重大专项资金的开支范围由项目（课题）经费、不可预见费和管理工作经费组成。项目（课题）经费包括直接费用和间接费用。直接费用主要包括设备费、材料费、测试化验加工费、燃料动力费、差旅费、会议费、国际合作与交流费、出版／文献／信息传播／知识产权事务费、劳务费、专家咨询费、其他费用等 11 项。间接费用是指科技重大专项组织实施试点项目过程中发生的管理、协调和监督费用，以及其他无法在直接费用中列支的相关费用。主要包括科研条件支撑费、协调管理费、监督检查费和其他间接费用。《管理办法》明确规定，间接费用总额核定比例为：高等院校、财政全额补助的科研院所间接经费列支比例不超过直接费用扣除设备购置费后的10%，财政部分补助的科研院所为15%；转制科研院所、企业的比例不得高于20%。不可预见费是指为应对科技重大专项实施过程中发生的不可预见因素安排的资金，由市财政局统一管理。管理工作经费是指在科技重大专项组织实施过程中，市科委、牵头组织部门（单位）等承担科技重大专项管理职能且不直接承担项目（课题）的有关部门和单位，为开展组织、协调等管理性工作所需费用，由市财政局单独核定批复。同年7月8日，市科委公布了首批试行科技重大专项资金管理的47个试点单位，其中企业27家（中央属12家、市属13家、民营1家、外资1家）、科研院所11家（中央属5家、市属6家）、高等院校4家（中央属3家、市属1家）、市属事业单位4家、社团组织1家。这些试点单位将完成16项国家重大科技专项与35项北京市科技专项。9月10日，公布了第二批试点单位共35家，其中高等院校5家（中央属4家、市属1家）、科研机构11家（中央属6家、市属5家）、企业16家（中央属4家、市属11家、留学人员1家）、事业单位2家（中央1家、市属1家）、社团组织1家。

2010年7月15日，中关村国家自主创新示范区领导小组印发《中关村国家自主创新示范区科技重大专项项目（课题）经费间接费用列支管理办法（试行）》（简称《管理办法》）。根据该《管理办法》：一是项目经费在核算方式上实行了直接费用和间接费用的核定办法及具体内容；二是规定了间接费用列支比例，对不同性质的项目承担单位，按照不超过直接费用扣除设备购置费后10%~20%的比例核定间接费用总额；三是项目经费的管理方式更加科学，增加了不可预见费和管理工作经费内容。该《管理办法》在间接费用列支内容中，增加了"科研人员激励费"，并规定，间接费用中用于科研人员激励的相关支出一般不超过直接费用扣除设备购置费后的5%。间接费用中用于科研人员激励支出的部分，应当在对科研人员进行绩效考核的基础上，结合科研实绩，由所在单位根据国家和北京市有关规定统筹安排。

2010年7月15日，中关村国家自主创新示范区领导小组印发《中关村国家自主创新示范区科技重大专项资金试点管理办法（试行）》（简称《管理办法》）。该《管理办法》明确，间接费用一般不超过直接费用扣除设备购置费后的13%~20%，其中用于科研人员激励的相关支出一般不超过直接费用扣除设备购置费后的5%。

2011年2月22日，财政部印发《关于在中关村国家自主创新示范区开展科研项目经费管理改革试点的意见》（简称《意见》）。《意见》明确了试点的范围在科技部、国家发展改革委、工业和信息化部、卫生部分别与北京市政府确定的联合支持的新立项项目中，进行科研项目经费管理改革试点。试点内容包括开展间接费用补偿机制试点、开展科研项目经费分阶段拨付试点、开展科研项目后补助试点、开展增加科研单位经费使用自主权试点等。

2015年起，北京市所有科技计划项目均纳入科研项目经费管理改革试点。

工商行政改革试点 2009年10月14日，国家工商总局印发《关于〈国家工商总局关于支持中关村科技园区建设国家自主创新示范区的意见〉的通知》，从6个方面推出43项措施支持中关村科技园区建设国家自主创新示范区，进行体制机制先行先试改革试点。这些措施主要是：授予中关村示范区工商分局代行依法应当由国家工商总局登记管辖的内资企业登记管辖权，辖区内注册资本低于600万美元的限制类外商投资企业可在示范区企业登记注册窗口直接登记完成；将国家工商总局登记注册的住所在示范区的外商投资企业及其分支机构、外国（地区）企业常驻代表机构登记和监督管理权，授予示范区工商分局；授予使用"（中国）"字样和不含行政区划的外商投资企业名称远程预先核准、变更权；逐步消除不同类型、不同所有制形式和内外资市场主体准入的工商登记区别，逐渐形成统一的登记程序和登记标准；允许示范区内企业将"中关村"作为企业商号；允许高科技企业在政府指定的"集中办公区"注册；中关村示范区内的企业，除按照行政许可文件、证件登记许可经营项目外，对一般经营项目按照国民经济行业大类登记，不再具体登记中类及小类，企业可以自主选择经营项目，开展经营活动；企业申请登记具体经营项目的，企业登记机关依法予以登记；支持投资人以股权作价出资；支持技术成果出资；支持企业转换组织形式；放宽股东身份限制，对于中国公民以自然人身份出资兴办中外合资、合作高新技术企业，经审批机关批准后，予以登记注册；放宽企业名称登记条件，示范区内的企业注册资本（金）达到5000万元人民币、企业经济活动性质分别属于国民经济行业 3 个以上大类的，允许企业名称中不使用国民经济行业类别用语表述企业所从事的行业；放宽企业集团登记条件，中关村示范区内的企业，母公司注册资本达到 3000 万元人民币，母子公司注册资本总额达到 5000 万元人民币的，允许设立企业集团；支持商标无形资产资本化运作，在商标质权人和出质人协商同意的情况下，可免于提交出质商标专用权价值评估报告；建立驰名商标协调保护机制，对于示范区的驰名商标认定申请，符合有关法律规定的，及时依法认定。设立商标事务处理快速通道，对高新技术企业申请注册商标以及注册商标争议的案件，经北京市工商行政管理局签署意见后，符合提前审查和审理条件的，可加快办理。同年 11 月 5 日，国家工商总局商标局驻中关村国家自主创新示范区办事处（简称"中关村

2009年11月5日，国家工商总局商标局中关村办事处挂牌

办事处")和北京市工商局中关村国家自主创新示范区分局（简称"中关村分局"）正式成立。

2011年6月24日，北京市市长郭金龙签署北京市人民政府令（第234号），公布《中关村国家自主创新示范区企业登记办法》（简称《登记办法》）。《登记办法》明确，市工商行政管理局设立的示范区工商分局，负责示范区内企业登记工作。示范区内企业获得国家驰名商标或者本市著名商标的，可以向登记机关申请在企业名称中予以保护；经登记机关批准获得保护的，未经商标所有人同意，其他企业在名称中不得使用该商标。政府投资或者政府批准在示范区内设立的直接服务于示范区建设和发展的企业，可以在名称中使用"中关村"字样。注册资本5000万元人民币以上、经济活动性质跨国民经济行业3个以上大类的示范区内企业，可以申请在企业名称中不使用国民经济行业类别用语标明企业所属行业或者经营特点。申请在示范区内设立企业的，除经营范围中有属于法律、行政法规、国务院决定规定在登记前须经批准的项目外，可以申请以集中办公区中经过物理分割的独立区域作为住所，登记机关在营业执照中予以注明。在示范区内设立企业或者增加注册资本，投资人以知识产权和其他可以用货币估价并可以依法转让的科技成果作价出资的，出资比例由投资方自行约定，其中，以国有资产出资的，应当符合国有资产管理的有关规定。投资人以可以用货币估价并可以依法转让的债权出资的，登记机关依照有关规定予以登记。对申请在示范区内从事国民经济行业分类以外、法律和行政法规未禁止的新兴行业和经营项目、符合法律法规规定的其他条件的,登记机关应当予以登记。产业技术联盟申请登记为企业法人,符合条件的,登记机关应当依法予以登记。示范区内无不良信用记录企业的年检实行报备式。企业可以通过登记机关电子年检系统或者邮寄送达、直接送达等便捷方式提交年检材料。

中关村国家自主创新示范区条例

2010年12月23日,北京市十三届人大常委会第二十二次会议表决通过了《中关村国家自主创新示范区条例》(简称《示范区条例》)。《示范区条例》采取了区域立法与产业立法相结合立法模式。立法覆盖范围具有区域性,即仅适用于中关村国家自

2010年12月23日,《中关村国家自主创新示范区条例》发布

主创新示范区内的园区。立法属于产业促进法，根据条例规定，示范区重点发展高新技术产业、加快发展战略性新兴产业。《示范区条例》规定，任何组织和个人可以依法在示范区设立企业和其他组织，从事创新创业活动；鼓励科技人员以知识产权、科技成果等无形资产入股的方式在示范区创办企业；支持企业联合高等院校、科研院所和其他组织组建产业技术联盟。符合条件的，可以申请登记为法人；申请在示范区设立有利于自主创新的社会团体、民办非企业单位、基金会，除法律、行政法规、国务院决定规定登记前须经批准的以外，申请人可以直接向市民政部门申请登记，并可冠以"中关村"字样。《示范区条例》在管理和保护知识产权的能力等方面做出规定，专利、商标、著作权等行政管理部门应当建立健全示范区知识产权保护的举报、投诉、维权、援助平台以及有关案件行政处理的快速通道，完善行政机关之间以及行政机关与司法机关之间的案件移送和线索通报制度。《示范区条例》对土地使用做出规定，示范区管理机构应当会同市人民政府有关行政管理部门、有关区县人民政府，建立对企业使用示范区建设用地的联审机制，制定示范区的产业目录和项目入驻标准、程序，统筹企业、项目的进入、调整和迁出。示范区探索集体建设用地使用的流转机制，重大科技成果研发和产业化项目可以通过租赁、入股和联营联建等方式使用集体建设用地。

"1+6" 系列先行先试政策

2010年底,国务院批准,在中关村示范区实施"1+6"系列先行先试新政策。"1"是建设中关村创新平台,"6"是指在科技成果处置权和收益权改革试点、股权激励个人所得税政策试点、中央单位股权激励审批方案、科研项目经费管理改革试点、统一监管下的全国场外交易市场和完善高新技术企业认定等方面实施6项新政策。

设立首都创新资源平台 2010年12月31日,中关村科技创新和产业化促进中心(简称"首都创新资源平台")正式揭牌成立。中关村创新平台由北京市政府会同中关村国家自主创新示范区部际协调小组相关部门共同组建。该创新平台在市政府和中央相关部门共同领导下,旨在进一步整合首都高等院校、科研院所、中央企业、高科技企业等创新资源,采取特事特办、跨层级联合审批模式,落实国务院同意的各项先行先试改革政策。重点推进6方面工作:一是建立完善科技成果转化和产业化促进机制,支持一批国家科技重大专项、科技基础设施和重大科技成果产业化项目;二是健全科技与资本对接机制,开展符合科技创新创业企业特点的科技金融创新,建立并完善政府资金与社会资金、直接融资与间接融资有机结合的科技金融创新体系;三是完善高端

首都创新资源平台组织结构和各工作组职能图

工作组	牵头单位	组成	主要职能
重大科技成果产业化项目审批联席会议办公室	科技部牵头	12个中央单位和10个北京市属单位组成	—
科技金融工作组	北京市金融局牵头	8个中央单位和9个北京市属单位组成	优化投融资环境；聚集科技金融服务资源；开展投融资试点；服务企业融资
人才工作组	北京市委组织部牵头	6个北京市属单位组成	吸引海外人才；人才引进联合审批；高端人才遴选推荐；人才特区政策受理
新技术新产品政府采购和推广应用工作组	北京市发展改革委牵头	5个北京市属单位组成	新技术新产品政府采购；推动重大应用示范工程；推动军事采购
政策先行先试工作组	科技部牵头	13个中央单位和10个北京市属单位组成	股权激励试点；科研经费管理体制改革试点；支持创新创业试点；收购政策试点；示范区高新技术企业认定试点；工商管理体制改革试点；社会组织管理体制改革试点；品牌和标准试点；企业检验检疫及通关服务
规划建设工作组	北京市规划委牵头	7个北京市属单位组成	协调编制落实示范区空间规划；协调重大项目落地
中关村科学城工作组	北京市经信委牵头	4个北京市属单位组成	推动特色产业园技术研究院建设；发现、筛选重大项目；协调推动科学城项目落地实施
现代服务业工作组	财政部牵头	4个中央单位和9个北京市属单位组成	现代服务业政策先行先试；推动现代服务业试点项目；建设现代服务业产业化基地
军民融合创新工作组	北京市经信委牵头	11个北京市属单位组成	军民融合科技任务；研究军民融合创新政策；制定实施军民融合创新规划；建立健全军地和部市会商机制

人才和创新资源服务工作机制,建立高层次人才创新创业支撑体系;四是推动中关村新技术、新产品的市场应用;五是构建政策先行先试对接工作机制;六是建立规划建设服务工作机制,加快推进重大项目落地实施。该平台的建立对跨层级审批和跨部门审批可特事特办、联合审批,政出一门,快速办结。中关村管委会加挂中关村科技创新和产业化促进中心综合办公室牌子。中关村管委会作为市政府的派出机构,同时又是中关村科技创新和产业化促进中心的办事机构。综合办公室主任由中关村管委会主任兼任。截至2015年,首都创新资源平台共设有重大科技成果产业化项目审批联席会议办公室、科技金融工作组、人才工作组、新技术新产品政府采购和应用推广工作组、政策先行先试工作组、规划建设工作组、中关村科学城工作组、现代服务业工作组、军民融合创新工作组等9个工作机构。由来自北京市31个部门(单位)、中关村10个分园的110名工作人员常驻办公,来自19个国家部委的37名负责人参与重大事项的决策审批,围绕重大科技成果转化和产业化项目、先行先试政策扶持等13项受理事项开展工作,初步形成了集中办公、主动受理、联合审批、一条龙服务的工作机制。

科技成果处置权和收益权改革试点 2011年2月22日,财政部印发《关于在中关村国家自主创新示范区进行中央级事业单位科技成果处置权改革试点的通知》(简称《试点通知》)。《试点通知》规定,中央级事业单位对其拥有的科技成果进行产权转让或注销产权的行为,包括无偿划转、对外捐赠、出售、转让等拥有处置权。中央级事业单位科技成果处置权限：一次性处置单位价值或批量价值在 800 万元以下的，由所在单位按照有关规定自主进行处置；一次性处置单位价值或批量价值在 800 万元以上（含）的，由所在单位经主管部门审核同意后报财政部审批。5月4日，财政部印发《关于在中关村国家自主创新示范区开展中央级事业单位科技成果收益权管理改革试点的意见》(简称《试点意见》)。《试点意见》明确，中央级事业单位科技成果收益将分段按比例留归单位，以纳入单位预算统筹用于科研及相关技术转移工作，其余部分上缴中央国库。按照科技成果价值具体分为 800 万元以下、800 万~5000 万元、5000 万元以上 3 种情况，其中科技成果价值小于等于 800 万元的部分，收益权将 100% 归单位所有。

2011 年 9 月 9 日，北京市财政局印发《关于在中关村国家自主创新示范区进行北京市市属事业单位科技成果处置权收益权改革试点的意见》(简称《试点的意见》)。《试点的意见》明确，北京市属事业单位科技成果处置权限：以出售、转让方式，一次性处置单位价值或批量价值在 800 万元以下的，由所在单位按照有关规定自主进行处置，并于一个月内将处置结果报北京市财政局备案，同时抄送中关村创新平台；一次性处置单位价值或批量价值在 800 万元以上（含）的，由所在单位经主管部门审核同意后报北京市财政局审批，北京市财政局审批后将审批文件抄送中关村创新平台。《试点的意见》明确，北京市属事业单位科技成果收益分段按比例留归单位，纳入单位预算统筹用于科研及相关技术转移工作，其余部分上缴国库。按照科技成果价值具体分为800万元以下、800万~5000万元、5000万元以上3种情况，其中科技成果价值小于等于800万元的部分，收益权将100%归单位所有。

税收优惠试点政策　2010年10月8日，财政部、国家税务总局印发《对中关村科技园区建设国家自主创新示范区有关研究开发费用加计扣除试点政策的通知》（简称《试点政策的通知》）。《试点政策的通知》规定，企业在示范区内从事《国家重点支持的高新技术领域》、国家发展改革委等部门公布的《当前优先发展的高技术产业化重点领域指南（2007年度）》和中关村国家自主创新示范区当前重点发展的高新技术领域规定项目的研究开发活动，其在一个纳税年度中实际发生的下列费用支出，允许在计算应纳税所得额时按照规定实行加计扣除：新产品设计费、新工艺规程制定费以及与研发活动直接相关的技术图书资料费、资料翻译费；从事研发活动直接消耗的材料、燃料和动力费用；在职直接从事研发活动人员的工资、薪金、奖金、津贴、补贴，以及依照国务院有关主管部门或者北京市人民政府规定的范围和标准为在职直接从事研发活动人员缴纳的基本养老保险费、基本医疗保险费、失业保险费、工伤保险费、生育保险费和住房公积金；专门用于研发活动的仪器、设备的折旧费或租赁费以及运行维护、调整、检验、维修等费用；专门用于研发活动的软件、专利权、非专利技术等无形资产的摊销费用；专门用于中间试验和产品试制的不构成固定资产的模具、工艺装备开发及制造费，以及不构成固定资产的样品、样机及一般测试手段购置费；勘探开发技术的现场试验费，新药研制的临床试验费；研发成果的论证、鉴定、评审、验收费用。《试点政策的通知》规定，企业根据财务会计核算和研发项目的实际情况，对发生的研发费用进行收益化或资本化处理的，可按下述规定计算加计扣除：研发费用计入当期损益未形成无形资产的，允许再按其当年研发费用实际发生额的50%，直接抵扣当年的应纳税所得额。研发费用形成无形资产的，按照该无形资产成本的150%在税前摊销。除法律另有规定外，摊销年限不得低于10年。

2010年10月9日，财政部、国家税务总局印发《对中关村科技园区建设国家自主创新示范区有关股权奖励个人所得税试点政策的通知》（简称《个人所得税试点政策的通知》）。《个人所得税试点政策的通知》规定，对示范区内科技创新创业企业转化科技成果，以股份或出资比例等股权形式给予本企业相关技术人员的奖励，技术人员一次缴纳税款有困难的，经主管税务机关审核，可分期缴纳个人所得税，但最长不得超过5年。

2010年10月15日，财政部、国家税务总局印发《对中关村科技园区建设国家自主创新示范区有关职工教育经费税前扣除试点政策的通知》（简称《通知》）。《通知》规定，自2010年1月1日起至2011年12月31日止，对示范区内的科技创新创业企业发生的职工教育经费支出，不超过工资薪金总额8%的部分，准予在计算应纳税所得额时扣除（注：原先的扣除比例为2.5%），超过部分，准予在以后纳税年度结转扣除。

2010年12月31日，北京市财政局、北京市国税局、北京市地税局、北京市科委、中关村管委会印发《关于贯彻落实国家支持中关村科技园区建设国家自主创新示范区试点税收政策的通知》（简称《通知》）。《通知》明确，为方便企业享受优惠政策，对于符合条件的中关村示范区科技创新创业企业，可在规定期限内向主管税务机关申请一次性备案，享受示范区试点税收政策。企业技术人员享受分期缴纳个人所得税政策，应由奖励单位在股权奖励次月7日内持相关资料向主管税务机关报备。

2011年10月14日，北京市财政局、北京市国税局、北京市地税局、北京市科委、中关村管委会印发《关于进一步落实中关村科技园区建设国家自主创新示范区企业所得税试点政策的通知》（简称《通知》）。该《通知》要求各级税务机关应做好纳税服务，保障示范区企业所得税试点政策的落实。示范区各园管委会应根据企业工商登记情况，为企业出具在园区内注册的证明等。

2012年10月26日，北京市地税局、北京市财政局、北京市科委、中关村管委会印发《关于加强科研机构、高等学校科技成果转化有关个人所得税备案管理工作的公告》（简称《公告》）。《公告》对备案管理进行了规范，一是对科研机构、高等学校建立"一户一档"的电子台账，并根据获奖人员股权变动情况实施动态管理；二是对于未按规定报送备案材料的科研机构、高等学校，主管税务机关应按税收征管法的有关规定进行处理；三是及时与工商部门合作，利用现有的信息共享与交换，强化股权变更登记环节个人所得税管理等有效工作机制。

股权激励试点 2011年1月10日,财政部、科技部印发《关于〈中关村国家自主创新示范区企业股权和分红激励实施办法〉的补充通知》,明确了中央级事业单位全资及控股企业股权和分红激励审批主体和审批程序。一是确定了相关部委司局作为企业股权和分红激励方案审批的责任部门;二是企业股权和分红激励方案申报前,应由中央级事业单位审批通过;三是规定了主管部门在20个工作日内完成企业股权和分红激励方案审批的时间要求;四是要求各主管部门结合本部门实际,研究制定具体管理程序和工作流程。

2011年7月29日,国资委在京召开"中央企业分红权激励试点工作启动会"。中国航天科技集团公司所属航天恒星科技有限公司和北京有色金属研究总院所属有研稀土新材料股份有限公司的激励方案经国资委批复同意,率先实施分红权激励。这两家试点企业均选择岗位分红权激励方式。根据国资委印发的《关于在部分中央企业开展分红权激励试点工作的通知》精神,岗位分红权激励对象原则上限于在科技创新和科技成果产业化过程中发挥重要作用的企业核心科研、技术人员和管理骨干。激励对象应当在该岗位上连续工作1年以上。根据企业的行业特点和人才结构,参与岗位分红权激励的激励对象原则上不超过本企业在岗职工总数的30%。企业年度岗位分红权激励总额不得高于当年税后利润的15%,激励对象个人岗位分红权所得不得高于其薪酬水平与岗位分红之和的40%。离开激励岗位的激励对象自离岗当年起,不得享有原岗位分红权。企业年度岗位分红权激励总额不得高于当年税后利润的 15%，激励对象个人岗位分红权所得不得高于其薪酬水平与岗位分红之和的 40%。在方案指标设计上，航天恒星公司的激励总额与企业当年的经济增加值和经济增加值改善值挂钩，激励额度占总额度的 50% 以上；有研稀土新材料公司则采用了当年净利润额与净利润增加额作为计提总额，且当年净利润增加额比例超过计提总额的一半。

科研项目经费管理改革试点 2011 年 2 月 22 日，财政部印发《关于在中关村国家自主创新示范区开展科研项目经费管理改革试点的意见》（简称《意见》）。《意见》明确了试点的范围在科技部、国家发展改革委、工业和信息化部、卫生部分别与北京市政府确定的联合支持的新立项项目中进行科研项目经费管理改革试点。试点内容包括：开展间接费用补偿机制试点；开展科研项目经费分阶段拨付试点；开展科研项目后补助试点；开展增加科研单位经费使用自主权试点等。2015 年，北京市所有科技计划项目均纳入科研项目经费管理改革试点。

完善高新技术企业认定管理试点 2011 年 3 月 2 日，科技部、财政部、国家税务总局联合印发《关于完善中关村国家自主创新示范区高新技术企业认定管理试点工作的通知》（简称《通知》）。《通知》规定，示范区内注册满半年不足一年的企业，符合本《通知》中核心自主知识产权、《国家重点支持的高新技术领域（中关村示范区试行）》及《认定办法》中科技人员与研发人员所占比例的规定，且研究开发费用总额占成本费用支出总额 20% 以上的，可申请认定高新技术企业，发蓝底证书，自颁发证书之日起有效期为一年，不享受税收优惠。《通知》明确，增加反映创新成果的"国家新药、国家一级中药保护品种、经审（鉴）定的国家级农作物品种、国防专利、技术秘密"作为核心自主知识产权。企业从事节能环保、新一代信息技术、生物、高端装备制造、新能源、新材料、新能源汽车等战略性新兴产业，且近3个会计年度的研究开发费用总额占销售收入总额的比例达到10%以上的企业，可以技术秘密作为核心自主知识产权申报。《通知》还规定，认定工作专家组只对企业核心自主知识产权的水平、科技研发及成果转化能力进行评价。截至2015年，中关村示范区新申请认定和资格期满重新认定企业3847家，累计认定高新技术企业9260家。

建立统一监管下的全国场外交易市场　2011年2月25日，在市委、市政府召开的贯彻落实国务院关于中关村"1+6"政策和规划纲要动员大会上宣布，国务院同意中关村发展"1+6"系列新政策试点，支持建立统一监管下的全国场外交易市场。中关村将建设国家科技金融创新中心，具体措施包括完善资本市场转板制度、大力推进高新技术企业集合发债等。

建设人才特区

2011年3月4日，由中共中央组织部、国家发展改革委、教育部、科技部、工业和信息化部、公安部、财政部、人力资源和社会保障部、商务部、中国人民银行、海关总署、国家税务总局、中国证券监督管理委员会、国家外国专家局、国家外汇管理局等15个部委和中共北京市委、北京市政府联合印发《关于中关村国家自主创新示范区建设人才特区的若干意见》。《若干意见》提出了建设人才特区的总体目标是：从2011年至2015年，面向以海外高层次人才为代表的国家发展所特需的各类人才，建设"人才智力高度密集、体制机制真正创新、科技创新高度活跃、新兴产业高速发展"的中国特色人才特区。《若干意见》明确了建设人才特区的5项主要任务：大力聚集拔尖领军人才与科技创新要素，搭建高层次人才的自主创新平台，建设高层次人才的创业支持体系，创建具有国际水平的产业环境，完善高层次人才发展的服务体系。《若干意见》提出了支持人才特区建设的13项特殊政策。在重大项目布局方面，在人才特区布局和优先支持一批国家科技重大专项、重大科技基础设施、战略性新兴产业重大工程和项目。在境外股权和返程投资方面，推动投资便利化，简化人才特区企业员工直接持有境外关联公司股权以及离岸公司在人才特区进行返程投资的有关审批手续，研究相关支持措施。在结汇方面，进一步改进人才特区外商投资企业管理，简化外汇资本金结汇手续。在科技经费使用方面，承担国家民口科技重大专项的高校、科研院所、企业等单位，可在项目（课题）直接费用扣除设备购置费和基本建设费后，按照一般不超过13%的比例列支间接经费。在进口税收方面，人才特区内符合现行政策规定的企业与科研机构，在合理数量范围内进口境内不能生产或者性能不能满足需要的科研、教学物品，免征进口关税和进出口环节增值税、消费税，高层次留学人员和海外科技专家来华工作，进境数量合理的生活自用物品，按照引进海外高层次人才的现行政策执行。在居留和出入境方面，可为符合条件的外籍高层次人才及其随迁外籍配偶和未满18周岁未婚子女办理外国人永久居留证，对于尚未获得外国人永久居留证的高层次人才及其配偶和未满18周岁子女，需多次临时出入境的，为其办理2~5年有效期的外国人居留许可或者多次往返签证。在落户方面，具有中国国籍的高层次人才，可不受户籍所在地的限制，直接落户北京。对于愿意放弃外国国籍、申请加入或者恢复中国国籍的高层次人才，由公安机关根据国籍法的有关规定优先办理入籍手续。在资助方面，为入选"千人计划""海聚工程"等高层次人才提供100万元人民币的一次性奖励，为高层次人才创办的企业优先提供融资担保、贷款贴息等支持政策。在医疗方面，人才特区的高层次人才享受医疗照顾人员待遇，由北京市卫生行政部门为其发放医疗证，到指定的医疗机构就医。在住房方面，北京市采取建设"人才公寓"等措施,为高层次人才提供1万套定向租赁住房。《若干意见》提出,建设人才特区的实施步骤。采取"两步走"方针,将中关村示范区率先建成国家级人才特区。第一步,2011年至2012年,初步形成机制新、活力大、成果显著的人才特区政策体系,聚集3万名左右高层次人才;第二步,2013年至2015年,人才优先发展战略布局全面形成,国家级人才特区全面建成,成功探索出具有全国示范意义和推广价值的人才政策体系,初步形成具有全球影响力的中国特色人才特区,聚集5万名左右高层次人才。

2011年4月28日,由中组部牵头,国家发展改革委、教育部、科技部等15个国家部委和北京市组成的"人才特区建设指导委员会"正式成立。该委员会主要职责是:贯彻落实《国家中长期人才发展规划纲要(2010—2020年)》,指导实施《关于中关村国家自主创新示范区建设人才特区的若干意见》;协调有关部委和北京市进一步完善人才特区的支持政策,探索人才政策与人才管理体制机制创新;集聚海内外高端人才,构筑中国人才发展战略高地;协调解决人才特区建设中遇到的重要问题等。指导委员会将定期召开会议,研究、沟通、协调落实人才特区建设重大问题、重要政策。

2011年5月4日,由北京市委、市政府印发《加快建设中关村人才特区行动计划(2011—2015年)》。《行动计划》提出,采取"两步走"方针,率先建成国家级人才特区。到2012年,初步形成机制新、活力大、成果显著的人才特区政策体系;在战略性新兴产业领域布局和优先支持一批国家科技重大专项、重大科技基础设施、重大产业工程和项目；扶持一批高层次人才领衔创办的企业及其研发机构，涌现一批高端科技创新成果，突破一批核心关键技术；聚集包括海外留学人员在内的3万名左右高层次人才。到2015年，率先确立人才优先发展战略布局，国家级人才特区全面建成；自主创新能力、产业竞争力显著提升，形成引领自主创新和应用技术发展的支撑体系；聚集包括海外留学人员在内的5万名左右高层次人才；建立具有全国示范意义的人才政策体系，打造具有全球影响力的人才战略高地。《行动计划》提出，2011年至2015年，北京市将启动实施拔尖领军人才开发工程、自主创新平台搭建工程、高端成果转化扶持工程、新兴产业发展带动工程、科研学术环境创建工程、北京人才公寓建设工程等六大建设工程，全面建设人才特区。《行动计划》提出了支持人才特区建设的10项政策，初步形成了围绕人才的"选、引、留、用、评"等环节全方位的创新服务体系。一是资金奖励及财政扶持政策。对入选"千人计划""北京海外人才聚集工程"的高层次人才给予100万元人民币的一次性奖励；为高层次人才创办企业优先提供融资担保等金融服务；对于承担国家科技重大专项和北京市重大科技成果产业化项目的高层次人才，由全市科技重大专项及产业化项目统筹资金给予支持。二是股权激励政策。市科委、市财政局、市地税局、中关村管委会落实有关股权奖励个人所得税试点政策。对于科技创新创业企业转化科技成果，以股份或出资比例等股权形式给予本企业相关技术人员的奖励，技术人员一次性缴纳税款有困难的，经主管税务机关审核，可在5年内分期缴纳个人所得税。三是人才培养政策。市科委、市教委、市人力社保局支持具有博士和硕士学位授予权的高校、科研机构聘任其他企业或科研机构具备条件和水平的高层次人才担任研究生兼职导师，联合培养研究生；支持由高层次人才创办的或与高校、科研机构联办的企业及科研机构在重点领域设置博士后科研工作站。四是人才兼职政策。市科委、市教委会同中关村管委会，面向北京地区各高校、科研院所，协调推动教师、研究人员到人才特区创办企业或到相关企业兼职，允许其在项目转化周期内，个人身份和职称保持不变，享受股权激励政策；支持人才特区企业专业技术人员到高校兼职从事教学科研工作。五是居留与出入境政策。市公安局会同市人力社保局，为符合条件的外籍高层次人才及随迁外籍配偶和未满18周岁未婚子女办理外国人永久居留证；对尚未获得外国人永久居留证的高层次人才及配偶和未满18周岁子女，需多次临时出入境的，为其办理2~5年有效期的外国人居留许可或多次往返签证。六是落户政策。市公安局、市人力社保局会同中关村管委会，面向人才特区具有中国国籍、愿意落户北京的海外高层次人才，不受其户籍所在地的限制，直接办理落户手续；如海外高层次人才愿意放弃外国国籍、申请加入或恢复中国国籍，根据有关法律规定，为其优先办理入籍手续。七是进口税收相关政策。中关村管委会协调北京海关，对符合现行政策规定的企业与科研机构，在合理数量范围内进口境内不能生产或性能不能满足需要的科研、教学物品，免征进口关税和进口环节增值税、消费税。八是医疗政策。人才特区的高层次人才享受医疗照顾人员待遇，由市卫生局为其发放医疗证，到指定的医疗机构就医。所需医疗资金通过现行医疗保障制度解决，不足部分由用人单位按照有关规定予以解决。九是住房政策。根据《关于中关村国家自主创新示范区人才公共租赁住房建设的若干意见》，中关村管委会会同市住房和城乡建委，协调各有关区县，为符合条件的高层次人才提供定向租赁住房。十是配偶安置政策。市人力社保局将愿意在本市就业的高层次人才随迁配偶，纳入全市公共就业服务体系，优先推荐就业岗位，积极提供就业服务。

截至2015年底，中关村示范区入选中央"千人计划"海外高层次人才1091人，占全国的21%；入选北京市"海聚工程"512人，占北京地区的68%；遴选"高聚工程"239名（含团队）。

现代服务业综合试点

2011年6月22日，财政部、国家发展改革委、商务部、科技部联合印发《关于批复中关村现代服务业试点方案的通知》（简称《通知》）。《通知》明确，财政部会同发展改革委、商务部、科技部研究同意，在中关村国家自主创新示范区进行发展现代服务业工作试点，探索促进服务业发展的新模式。7月13日，财政部、国家发展改革委、商务部、科技部四部委与北京市政府联合签署《中关村国家自主创新示范区现代服务业综合试点协议》（简称《试点协议》），标志着全国现代服务业综合试点工作正式启动。根据《试点协议》，未来3~5年，中关村示范区将采取先行先试、集成政策、整合资金、重点支持等方式，逐步探索建立促进现代服务业发展的有效机制；明确中央财政未来3~5年内将投入15亿元支持中关村现代服务业试点，北京市将按照不低于中央投入规模加大资金支持，着力完善现代服务业统计评价体系，搭建大型公共服务平台，培育一批战略性现代服务产业，创新体制机制，推动北京服务经济做大做强，带动全国现代服务业快速发展。中关村现代服务业试点的主要任务是：深入研究中关村现代服务业发展的突出问题，在政策集成、平台搭建、体制机制创新等方面先行先试，促进中关村现代服务业高端化集聚发展，率先建立带动北京、辐射全国的现代服务业产业体系，探索建立推动中关村现代服务业发展的政策体系、管理服务体系。具体目标是：到2015

2011年7月13日，中关村国家自主创新示范区现代服务业综合试点启动

年，中关村现代服务业收入达到2.4万亿元，其中高技术服务业GDP占中关村GDP的比重达到65%以上，形成一批具有国际影响力的现代服务业集群和集团企业。为实现这一目标和任务，中关村大胆先试先行，以完善体制机制为根本，统筹政策支持和资金支持，以重点项目建设为抓手，不断优化现代服务业发展环境，提升北京现代服务业核心竞争力，努力建立具有中关村特色的现代服务业产业体系。在产业选择方面，中关村紧紧把握国家自主创新示范区的定位，充分利用现有产业基础和资源，确立了4个中关村现代服务业试点的重点产业，打造独具特色的中关村现代服务业发展示范区。1.培育基于信息技术的新兴服务业，重点发展数字文化创意、云计算、移动互联网、卫星应用服务、三网融合、下一代互联网服务、物联网等产业领域；2.改造提升电子商务和现代物流业，扶持龙头型电子商务企业，建设电子商务信息共享服务平台，加快电子商务模式创新、技术创新，提高物流新技术和先进装备的应用水平，加快物流信息化建设；3.大力发展科技服务业，突出支持研发设计服务、工程技术服务、技术创新服务、科技中介服务等重点领域；4.培育实施节能环保产业，开展多样化的节能工程服务和环境工程服务，加大节能环保先进技术产品研发。为配合试点工作进行，建立财政部牵头，发展改革委、商务部、科技部参加的中关村现代服务业试点工作协调机制，协同推进试点工作。建立部、市现代服务业试点工作会商机制，定期或不定期召开有关决策和工作进展协商会议，解决试点过程中的重大问题。北京市成立了中关村现代服务业试点工作领导小组及其办公室,副市长吉林为组长,市科委等14家为成员单位,将贯彻落实中央关于中关村现代服务业综合试点工作批复精神,组织研究工作规划、方案,协调推进政策机制整合和创新。据统计,2015年,中关村示范区现代服务业总收入达26812.6亿元,占中关村示范区总收入的65.7%。

金种子工程

2011年12月15日,中关村管委会在海淀区举行中关村国家自主创新示范区"金种子工程"发布会。扶持促进创新型科技初创企业的"金种子工程"正式启动。会上公布了21位中关村示范区"金种子工程"首批创业导师名单和20家首批"金种子企业"名单。"金种子工程"是在政府指导下,按照初创企业需求,采用"1+N"工作模式,促进中关村示范区初创企业快速发展的培育工程。"1"是指"金种子工程"联席会,由创业导师和创业服务机构代表组成,在中关村管委会指导下开展工作。"N"是指各类创业服务资源组成的创业服务集群,包括大学科技园、科技企业孵化器、天使投资人等。"金种子企业"是指在战略性新兴产业领域中技术水平高、商业模式新、持续创新能力强、创业团队和治理结构完善的初创企业。"金种子企业"由联席会从创业服务集群推荐的企业中筛选认定,中关村管委会定期发布"金种子企业"名单。计划每年推出100家"金种子企业",并为入选企业配备创业导师,提供创业辅导与培训、空间拓展与选址、项目推介与融资等专业化服务。创业企业入选"金种子工程"的条件包括:成立5年以内(生物医药领域7年以内)的中关村示范区企业具备以下3个条件之一:增资或融资总额100万元以上、拥有自主知识产权或者在商业模式上有重大创新、3名以上"金种子工程"创业导师联合推荐。成为"金种子工程"项目的企业则会获得政府在选址、融资、创业导师等方面的支持。2012年,中关村"金种子工程"又推出了"四人董事会"。首期"四人董事会"董事由真格基金创始人徐小平、北京磊友信息科技有限公司创始人赵霏、北京博看文思科技有限责任公司创始人张悦和需要帮助的创业者北京云拓锐联科技有限公司创始人高悦组成。董事会采用"导师+金种子企业+非金种子企业"的新模式,集中力量解决企业遇到的问题。

截至2015年,中关村管委会发布的"金种子工程"企业共450家。

建设国家科技金融创新中心

2012年8月3日,国家发展改革委、科技部、财政部、人民银行、税务总局、证监会、银监会、保监会、外汇管理局等9

家国家部委与北京市政府联合印发《关于中关村国家自主创新示范区建设国家科技金融创新中心的意见》(简称《意见》)。《意见》明确指出,为落实国务院批复的《中关村国家自主创新示范区发展规划纲要(2011—2020年)》,进一步强化金融对建设具有全球影响力科技创新中心的支撑作用,决定在中关村示范区建设国家科技金融创新中心。《意见》共43条,分为12部分:第一部分阐述了建设国家科技金融创新中心的重大意义;第二部分明确了建设国家科技金融创新中心的指导思想、原则与目标,提出了到2020年,实现科技创新和金融创新紧密结合,把中关村建设成为与具有全球影响力的科技创新中心地位相适应的国家科技金融创新中心;第三到第十一部分围绕9个重点领域,阐述了中关村建设国家科技金融创新中心的主要任务;第十二部分提出了建设国家科技金融创新中心的组织保障、政策协调与监测评估机制和分阶段实施路径。这是国家层面第一个关于科技金融的指导性文件,以金融为出发点,落脚于科技创新,旨在引导建立符合科技创新需求的科技金融体系,确立中关村作为国家科技金融创新中心的战略地位,示范引领和辐射带动全国科技金融创新体系的形成。本着"防范化解风险是金融业发展的永恒主题"的理念,明确所有的创新都建立在严格风险控制的基础上。明确了金融为实体经济服务、为战略性新兴产业发展服务的宗旨。着力建立直接融资和间接融资、政府资金和社会资金、产业资本和金融资本有机结合的中关村科技金融体系,覆盖科技创新与战略性新兴产业发展不同阶段的融资需求。构建以资本市场为纽带、杠杆、导向，以中小型金融机构为载体、金融创新产品为工具的"新金融"体系。

国家知识产权服务业集聚发展试验区

2012年10月30日，国家知识产权局印发《国家知识产权局办公室关于同意在北京中关村设立国家知识产权服务业集聚发展试验区的函》，批复同意在中关村建设国家知识产权服务业集聚发展试验区，中关村成为全国首批国家知识产权服务业集聚发展试验区之一。试验区建设期为3年。根据规划，通过试验区建设，将充分利用服务需求、服务资源和服务人才的集聚性，推动知识产权服务业成为北京现代服务业格局中最具活力的领域之一。中关村将利用3~5年的时间，培育一批专业化、规模化、规范化、国际化的知识产权服务品牌；引导有能力的知识产权服务机构开展重大经济科技活动知识产权评议、重点产业专利分析、知识产权运营等高端知识产权公共服务，为管理决策提供重要支撑；造就一支具有较高专业素养的知识产权服务队伍。该试验区的建设促进知识产权服务与产业融合发展，发挥集中效应、集约效益和引领示范作用。2015年10月23日，中关村国家知识产权服务业集聚发展试验区通过国家知识产权局验收。

新四条改革试点

2013年9月29日,科技部、财政部、国家税务总局印发通知,决定在中关村示范区实施4项改革试点。

高新技术企业认定中文化产业支撑技术等领域范围试点 2013年9月29日,科技部、财政部、国家税务总局联合印发《关于在中关村国家自主创新示范区开展高新技术企业认定中文化产业支撑技术等领域范围试点的通知》(简称《通知》)。《通知》明确,对中关村示范区从事文化产业支撑技术等领域的企业,按规定认定为高新技术企业的,可减按15%的税率征收企业所得税。

2014年1月8日,科技部、财政部、国家税务总局印发《关于在中关村国家自主创新示范区完善高新技术企业认定中文化产业支撑技术等领域范围的通知》,对《国家重点支持的高新技术领域(中关村示范区试行)》内涉及文化产业支撑技术等领域范围内容予以补充。

文化产业支撑技术等领域范围补充内容一览表

序号	增加位置	增加内容
1	一、电子信息技术（一）软件6中文及多语种处理软件技术	字体设计与生成技术；字库管理技术；支撑古文字、少数民族文字研究的相关技术；支撑书法及绘画研究的相关技术；语言、音乐和电声信号的处理技术；支撑文物器物、文物建筑研究的相关技术；支撑文物基础资源的信息采集、转换、记录、保存的相关技术。
2	一、电子信息技术（一）软件7图形和图像软件技术	静态图像、动态图像、视频图像及影视画面的处理技术。
3	一、电子信息技术（七）信息安全技术5安全保密技术	文化、文物及文物衍生产品防伪技术，包括介质的生产、压印、压膜、标记技术，介质的标签唯一标识技术等。
4	一、电子信息技术（五）广播电视技术3广播电视测量、监测与监控技术	新媒体视听节目的监测、监控技术。
5	四、新材料技术（六）文化艺术新材料1文化载体和介质新材料制备技术	文化艺术用可再生环保纸（不含木料纸、新型非涂布纸和轻涂纸、轻质瓦楞纸板）、特种纸（包括艺术专用纸张）、电子纸等新型纸的生产技术；仿古纸（包括传统工艺制作的古代书画修复用纸、纸质文物修复用纸等）的生产技术；光盘及原辅材料（包括光盘基片材料、光盘记录材料、甩涂与黏合材料、清洗与保护材料等）的生产技术。
5	2.艺术专用新材料制备技术	针对艺术专用品及改进其工艺生产的材料生产技术，包括专用器件、文化资源数字化存储材料等的制备技术；针对艺术需要的声学材料的设计、加工、制作、生产等技术。
5	3.影视场景和舞台专用新材料的加工生产技术	用于与文化艺术有关的制景、舞台、影视照明的新型专用灯具器材的新材料、新工艺开发和应用技术。

（续表）

序号	增加位置	增加内容
	4.文化产品印刷新材料制备技术	数字直接制版材料，数字印刷用油墨、墨水，特殊印刷材料等开发和应用技术。
	5.文物保护新材料制备技术	文物提取、清洗、固色、黏结、软化、缓蚀、封护等材料的制造技术及文物存放环境的保护技术。
6	五、高技术服务业	文化创意产业支撑技术 数字电影、数字动漫等的生产制作技术；3D、4D、超高清（4K以上分辨率）、穹（球）幕、巨幕等制作传输和显示放映技术；移动多媒体广播（CMMB）技术；下一代广播电视网（NGB）技术；有线数字电视网络整合技术；数字电影与动漫制作基地支撑技术；文化信息资源共享支撑技术；出版物物流技术；数字版权保护技术；网络视听新媒体发展创新及衍生产品开发支撑技术；3D打印、人机交互、大数据智能处理等能支撑体现交互式、虚拟化、数字化、网络化特征的文化科技融合技术；艺术品鉴证技术；集成化舞台制作技术，舞台美术、灯光、音响、道具等加工生产制作技术；移动互联多媒体票务技术；文物保护、展览、展示、鉴定新技术。
7	八、高新技术改造传统产业（七）传统文化产业改造技术	1.数字电影、电视、广播、出版技术 2.乐器制造技术 乐器及其器材加工和调试新技术；MIDI系统生产调试技术。 3.印刷技术 传统印刷改造的高新技术；绿色印刷工艺技术；特种印刷工艺技术（包括喷墨印刷、防伪印刷、标签印刷、金属制品印刷、纸包装印刷等）。

中关村示范区有限合伙制创业投资企业法人合伙人企业所得税试点 2013年9月29日,财政部、国家税务总局联合发布《关

于中关村国家自主创新示范区有限合伙制创业投资企业法人合伙人企业所得税试点政策的通知》(简称《通知》)。《通知》指出,注册在示范区内的有限合伙制创业投资企业采取股权投资方式投资于未上市的中小高新技术企业2年(24个月)以上,该有限合伙制创业投资企业的法人合伙人,可在有限合伙制创业投资企业持有未上市中小高新技术企业股权满2年的当年,按照该法人合伙人对该未上市中小高新技术企业投资额的70%,抵扣该法人合伙人从该有限合伙制创业投资企业分得的应纳税所得额,当年不足抵扣的,可以在以后纳税年度结转抵扣。该项政策自2013年1月1日至2015年12月31日执行。

中关村示范区技术转让企业所得税试点 2013年9月29日,财政部、国家税务总局联合印发《关于中关村国家自主创新示范区技术转让企业所得税试点政策的通知》(简称《通知》)。根据《中华人民共和国企业所得税法》及《中华人民共和国企业所得税法实施条例》的规定,居民企业在1个纳税年度内,取得符合条件的技术转让所得不超过500万元的部分,免征企业所得税;超过500万元的部分,减半征收企业所得税。《通知》明确上述优惠政策在中关村示范区内如何适用等相关问题。该政策自2013年1月1日起至2015年12月31日止执行。

中关村示范区企业转增股本个人所得税试点 2013年9月29日,财政部、国家税务总局联合印发《关于中关村国家自主创新示范区企业转增股本个人所得税试点政策的通知》(简称《通知》)。《通知》指出,企业以未分配利润、盈余公积、资本公积向个人股东转增股本时，应按照"利息、股息、红利所得"项目，适用20%税率征收个人所得税。对示范区中小高新技术企业以未分配利润、盈余公积、资本公积向个人股东转增股本时，个人股东一次缴纳个人所得税确有困难的，经主管税务机关审核，可分期缴纳，但最长不得超过5年。《通知》规定，在2013年1月1日至2015年12月31日期间经有关部门批准获得转增股本的股东，可享受上述延期纳税的优惠。

设立中关村知识产权纠纷诉前调解中心

2010年4月14日，中关村知识产权纠纷诉前调解中心在中关村知识产权促进局挂牌运行。该中心是国内首家知识产权纠纷诉前调解的专业性机构，将受理中关村园区知识产权纠纷调解申请，提供调解、技术援助、化解诉讼后遗症等专业服务。该中心的作用是通过对知识产权的专业解释说明和对纠纷双方利益的公平调解，促使当事双方形成共识，将争端解决关口前移，把矛盾化解在诉讼前，减少纠纷当事人因诉讼带来的麻烦和风险，节约司法资源。该中心聚集了一批具有丰富知识、实践经验和行业背景的曾担任过知识产权法官、知识产权审查员的资深人士，以及知识产权专业律师和企业知识产权高级管理人员。中心受理企业知识产权纠纷调解申请后，将由他们提供调解、技术援助、诉讼后遗症等专业化服务。该中心也制定了《调解规则》《调解员守则》以及相关法律文书，对调解原则、调解范围和调解程序等做了明确规定。调解员调解案件一般应在30个工作日内调结，最长不超过45天。程永顺、刘勇等10名知识产权界法官、律师和专家受聘为首批调解员。该中心的设立，为解决知识产权纠纷诉讼"长周期、高费用、难执行"等难题，为高科技企业知识产权纠纷的解决探索新出路。

改革高端领军人才专业技术资格评定

2011年5月9日，北京市人力资源和社会保障局印发《中关村国家自主创新示范区高端领军人才专业技术资格评价工作试行办法》（简称《试行办法》）。《试行办法》规定，中关村示范区高端领军人才专业技术资格评价坚持以能力、业绩和贡献为导向，遵循企业认可、业内认同、独立评价、公平公正、简便快捷的原则。在试点区域内的企业从事工程技术工作，且满足下列条件之一者，不需参加职称外语和计算机应用能力考试，直接申报我市高级工程师（教授级）专业技术资格。1.曾取得国家级人才表彰奖励；2.曾获得国家级科技奖项；3.曾担任国家级重大科技项目负责人；4.在自主创新和科技成果转化过程中取得突出成绩。《试行办法》规定，对高端领军人才专业技术资格评价项目包括：学识经历（评价要素：教育背景、专业经历）、技术创新（创新成果、创新水平、项目成果）、工作业绩（专业成就）、技术水平（专业领先程度、成果转化水平）等4项指标和8项评价要素。每个评价要素内，又有若干评价内容等。

截至2015年底，共计333名中关村高端领军人才获（教授级）高级工程师职称，另有8人获自然科学、社会科学系列高端领军人才研究员资格。

创新型科技企业孵化器——车库咖啡

2011年4月，由蓝汛国际控股有限公司（chinacache）原投资总监苏菂发起，10余位天使投资人联合投资设立了车库咖啡。车库咖啡以北京创业之路咖啡有限公司为依托单位，用咖啡厅的形式为早期项目创业者提供一个低成本、高效率的全开放式创新

创新型孵化器牌匾

创业服务平台，为创业者提供战略制定、技术研发、产品测试、人才招聘等服务，促进创业团队快速成长，并举办形式多样的创业活动，为创业者与各类创新资源之间搭建多维度的沟通交流平台。车库咖啡北美分店于2013年11月试运营。2011年9月27日，美国《华盛顿邮报》上发表了一篇题为《美国人应该真正害怕中国什么》一文。文中提到，在北京海淀街上，有一个咖啡馆叫"车库咖啡"。就在这个小小的咖啡馆里，有几十张桌子，每一张桌上都有几个年轻人在创业。还有很多天使投资者前来寻找投资机会，在他们中间穿梭，像钓鱼一样，很有意思。这样的咖啡馆在美国没有。硅谷的风险投资家和创业者是一对一的沟通，中国人很聪明，搞了个集体相亲，说我给你提供一个咖啡馆，你们都来创业吧。文章中说，中国最值得美国人害怕的事情，是中国人发现了美国的秘密。什么秘密？科技和资本的结合。正是这个秘密，使得过去几十年美国高科技产业得以独步天下。在这个小小的咖啡馆故事背后，折射出今天中国经济社会几个重要而宏大的主题，科技创新、产业升级、经济转型、大国竞争。当然，还有资本市场，因为如果缺失一个强大有序的资本市场的支持，那么，这些年轻人的美好憧憬，或许会变得黯淡无光。在不到2年的时间内，已有100多家创业团队在车库咖啡成立，先后有40多个创业团队获得1亿元的创业投资，10余个创业项目被并购。2013年12月，科技部火炬高技术产业开发中心将车库咖啡等17家中关村示范区创新型孵化器纳入国家科技企业孵化器的管理体系及相关科技计划项目的支持范围。

"一城三街"

2014年至2015年间，市政府在中关村示范区进行"一城三街"建设，为创新创业者营造良好生态环境。

中关村软件城 2014年2月8日，市政府印发《北京市进一步促进软件产业和集成电路产业发展若干政策》（简称《若干政策》）。该《若干政策》明确提出，以上地及周边地区为核心，建成覆盖面积约30平方公里的中关村软件城，未来3年内，北京市将在上地一带为中小软件企业提供200万平方米的发展空间，并在租金等方面给予政策优惠。软件城东至京藏高速公路，南至北五环，西至京密引水渠，北至软件园以北一个街区。用地分属西北旺镇、海淀镇和东升镇，包含马连洼街道、上地街道、清河街道。同年4月，海淀区政府牵头的中关村软件城（大上地地区）建设启动，旨在以此为起点，聚集一批具有国际竞争力的著名企业、创造一批引领世界科技前沿的关键技术和标准、诞生一批"中国创造"并享誉国际的民族品牌、吸引一批蜚声海内外的高端人才、汇集一批有国际影响力的行业专业服务机构，实现从企业聚集到产业聚集再到创新聚集，集成更广泛、更深度的国际创新要素资源，推动产城融合发展，率先在软件与信息服务业领域建设成为具有全球影响力的科技创新中心。

中关村创业大街 2014年6月12日,中关村创业大街开街。中关村创业大街位于中关村西区(其前身是海淀图书城步行街),由海淀区政府投资建设,北京海置科创科技服务有限公司负责运营管理。大街定位于建设创业服务集聚区、科技企业发源地、创业者文化圣地,将构建服务功能完善的创业生态,引进各类创业服务机构,并进一步整合国家、北京市和海淀区支持创新创业的政策资源,为入驻机构提供更加高端、专业、品牌化的全链条服务,重点打造"创业投融资+创业展示"两大核心功能,以及"创业交流+创业会客厅+创业媒体+专业孵化+创业培训"五大重点功能。创业者在创业大街可享受到低廉的办公场所租金、快捷的行政审批流程、体系化的服务咨询、专业的培训等初创所需的必要支持。市科委还授予中关村创业大街"北京市创新型孵化器示范街区"匾牌。截至2015年底,通过回租、回购与置换等手段,中关村创业大街整合超过7200平方米,累计完成超过3.1万平方米空间整理。引入创业服务机构40家,累计入孵创业团

2014年6月12日,中关村创业大街开街

队 700 个，其中海外团队超过 100 个；合作投资机构超过 2500 家，有 375 个团队获得融资，融资总额达 18.75 亿元。

中关村科技金融街 2015 年 3 月 2 日，中关村科技金融街开街。科技金融街位于中关村西区，以海淀中街为纵轴线，丹棱街为横轴线，北起北四环，南到海淀南路，东至中关村大街，西临苏州街，是国家科技金融功能区建设的重要载体，将通过聚集科技金融服务资源、深化科技金融创新试点、构建技术和资本高效对接的机制，打造成为全国创新资本聚集中心、要素市场中心、互联网金融创新中心，进一步强化金融对建设具有全球影响力的科技创新中心的支撑作用，促进科技创新和金融创新的紧密结合。截至 2015 年底，科技金融街以中关村金融大厦、中关村互联网金融中心大厦、PE 大厦为主要载体，已汇聚人民银行中关村中心支行、深交所中关村上市基地、蚂蚁云金融等各类科技金融机构近 400 家。

中关村知识产权和标准化一条街 2015 年 10 月 11 日，中关村知识产权和标准化一条街揭牌仪式在海淀区举行，它将进一步集聚优质知识产权服务资源，打造中国知识产权和标准化服务高地。知识产权和标准化一条街位于中关村大街街区范围内，由一纵一横两条轴线的沿线区域构成，纵轴为西土城至学院路一线，长 2.5 公里，横轴为知春路至海淀南路一线，长 4 公里，已形成中关村知识产权大厦、国际技术转移中心、致真大厦三大集聚点，带动 700 余家各类知识产权服务机构在海淀集聚发展。

技术创新

汉王人脸通

2009年3月3日,由汉王科技股份有限公司研制的人脸识别机"汉王人脸通"通过公安部安全与警用电子产品质量检测中心的质量检测。这款嵌入式人脸识别产品分为门禁和考勤两种型号。该产品利用"DualSensor"人脸识别算法,采用专用双摄像头,属于双目立体人脸识别技术,识别性能大大超过二维人脸识别,算法复杂度远低于三维人脸识别。它具有完全脱机的人脸登记、人脸识别,以及中文语音报姓名功能,并且无论人脸识别是否通过,均存储所有人脸照片,以便于事后追查,无一遗漏,确保门禁安全。它支持TCP/IP通信、U盘上传下载功能,适合一般企事业单位的门禁系统,以及企业财务、机要保密、银行金库、军队枪械、监狱、核电站等一些重要部门的人脸门禁系统。该产品如32开本书籍大小,厚度似普通肥皂盒,能在任何关键、要害部门嵌入安装,可准确识别10万张人脸。操作简单快捷,其速度达到10秒注册,不足1秒即可通过,系统提供的速度、安全性、准确性、方便性、可用性也有很大提高。

击剑鹰眼裁判系统

2009年9月16日,第十一届全运会击剑决赛中,由旋极公司自主研发的"击剑鹰眼裁判系统"和"击剑剑道显示系统"亮相击剑赛场。该系统根据国际剑联提出的所有国际比赛过程中必须使用鹰眼监控设备提高裁判准确度的新规定,在世界上无成熟设备借鉴的情况下自主研发而成。鹰眼系统可适应高对抗性、快速进行的击剑场面,提高判罚的精确度,减少裁判的主观因素,确保击剑比赛的公正性和公平性。"击剑剑道显示系统"是以旋极公司的工控机模块为核心,自行研发的包括击剑裁判器控制模块、击剑裁判灯控制模块、远程遥控模块、无线传输模块等为一体的击剑专用设备。该套系统实现了将比赛实况完全、实时地显示在4台42寸等离子显示屏上,而且可以通过无线模块远程将所需要的信息集成显示出来,提高了击剑比赛的观赏性和可控性。该系统解决了击剑比赛中实时性的问题,从数据采集到结果演示所耗用的时间不超过10秒钟,没有任何延迟地将比赛信号提供给裁判员、运动员和现场观众,并且通过无线局域网将各个剑道和控制中心连成一个整体,在控制中心就可以通过控制软件对现场所有剑道进行实时控制,使得比赛更加紧凑有序。这两套系统已经在"国际剑联花剑世界杯""国际剑联女子佩剑世界杯大奖赛""击剑亚锦赛""全国第六届城市运动会击剑比赛"上验证使用,受到国际剑联主席的高度好评和各国击剑裁判员的完全认同。其中,"击剑鹰眼裁判系统"也曾在国家队备战奥运会的击剑比赛训练中得到应用，为运动员提高成绩提供了坚实的技术保障。

国家人口宏观管理与决策信息系统

2009年12月25日，由神州数码公司开发的国家"人口宏观管理与决策信息系统（PADIS）一期工程"通过国家计划生育委员会组织的项目验收。该项目于2007年9月启动建设。PADIS 旨在通过对人口的数量、素质、结构、分布、就业、健康、迁移、贫困等关系国民经济和社会发展重大问题的综合监测与分析，为加强国家人口发展战略研究，科学制定人口发展政策与规划，加强人口综合协调、宏观调控与综合治理，稳定低生育水平、统筹解决人口问题，不断提高公共管理和社会服务水平，提供强有力的信息支持和科学依据。一期工程共建设了4个应用系统、5个数据库。其中PADIS 人口业务执行系统主要处理国家人口计生委及各级人口计生部门政务职能范围内的日常业务，通过各级工作人员的日常操作和管理监控，履行人口计生系统政府业务职能；人口信息采集系统从人口和计划生育业务执行的业务数据库和相关部委中采集相关人口数据，为人口决策支持业务提供数据支持；人口信息服务系统履行人口计生系统的服务职能，对包括人口计生系统在内的各个政府部门领导、业务人员以及社会公众提供人口相关的政策、法规、统计数据和其他有关信息；人口决策支持通过信息手段对日常数据的积累和整理、数据挖掘以及对数据进行分析预测，为科学决策和战略分析提供服务。该系统实现了数据仓库、模型和应用系统相结合的先进技术解决方案；建立了具有中国特色、比较完整的人口分析预测模型体系，满足了国家人口计生委和全国各级人口计生机构各用户单位的业务需求和具体工作要求，提高了全国人口计生系统社会管理和公共服务的水平。

曙光高性能刀片服务器

2010年4月23日，曙光公司在北京举行"自主创新引领未来——曙光龙芯刀片服务器及云计算产品发布会"。宣布成功研制出基于国产龙芯处理器的高性能刀片服务器CB50-A。可安装在曙光TC2600刀片机箱中。该产品同时采用红旗Redflag Linux操作系统，兼容主流linux应用软件，是一款从刀片服务器硬件、底层软件、处理器到操作系统完全国产化的服务器和高性能计算平台。CB50-A采用双处理器架构，共有8个处理器核心，峰值性能达32Gflops，支持最大64GB内存，单刀片功耗不超过110W。CB50-A有很好的通用性，X86架构下具有源代码的信息服务和科学计算应用能够通过交叉编译的方式平滑地移植到龙芯刀片上。在一个42U高的机柜中，可安装6台TC2600，每个TC2600支持10片双路CB50-A，累计每个机柜最多拥有120个龙芯3A四核处理器，480个处理器核心，最大处理能力1920Gflops，最大功率不超过8kW，具有很高的计算密度和能效比。该服务器研制成功标志着我国国产服务器全线自主化和国产化目标的实现。

宽带无线接入国际标准

2010年4月29日，北京信威通信技术股份有限公司制定的信威通信的McWiLL的标准公示期满，国际电联批准发布McWiLL标准委宽带无线接入国际标准。McWiLL具有以下特点，可提供宽窄带一体化的业务，可同时支持语音业务、数据业务、多媒体，是语音数据一体化的宽带无线接入系统。系统容量高，McWiLL单基站占用5MHz的载频带宽，最高吞吐量为15Mbit/s，终端最高吞吐量为3Mbit/s，最多能支持并发300路语音，是目前可商用的、支持移动性的宽带无线接入系统。McWiLL支持固定、便携、全移动模式下的各种应用，方便运营商利用一张网络发展不同类型的用户。终端形式丰富，McWiLL可商用的终端有桌面式CPE、PCMCIA卡、M-IAD、无线伴侣、有/无线话机、PDA等类型。McWiLL成为中国电信史上第一个宽带无线接入国际标准，也是继TD-SCDMA之后的第二个中国拥有完全自主知识产权的国际电信标准。

云计算服务器

2010年12月23日，中国首台云计算服务器在亦庄园云基地正式下线。此次下线的超云SuperCloud系列绿色服务器由北京天云融创科技有限公司以构建绿色节能型解决方案和提供高品质服务为目标，为建设大规模、高速度、高性价比的"中国云"

而设计的。与其他服务器相比,云计算服务器具备了"四高三低"的绿色特点:高性能、高密度、高可靠、高可定制化,低碳、低成本、低耗能,比传统服务器使用成本降低40%,每亿次的计算所产生的碳排放不高于0.2克,每亿次浮点运算所需要的能耗仅约0.2瓦,为云计算服务器创立了绿色服务器的标准。首批下线的超云SC-R-6240、SC-R-6220和SC-R-6110三款产品,均可预装虚拟化及安全管理软件,其中SC-R-6240和SC-R-6220两款多节点产品将实现单机成云,可广泛应用于数据中心部署、高性能计算、高端图形工作站、网络存储等应用环境,极大降低总投资成本。云计算服务器的诞生将云计算从技术转化成产品,实现了云计算从概念到实体的重大跨越。

IEEE 1888 国际标准

2011年3月1日,经美国电气和电子工程师协会标准协会(IEEE-SA)批准,由北京天地互连信息科技有限公司等单位主导的《泛在绿色社区网络协议》(IEEE 1888标准)对外正式公布。该标准包括IEEE P1888.1 / IEEE P1888.2 / IEEE P1888.3三个子标准,初步形成完整的解决方案,包括终端设备、多协议网关设备、数据库、智能节能分析与处理平台、可视化界面等。通过IEEE 1888对建筑和工业设备内的能耗设备进行的统一管控、能耗监测、管理与告警,能够带来切实的节能收益。该标准是首个由中国发起并获得国际认可的绿色ICT标准。它基于全IP的思路，将能源控制总线转化为互联网节点，将能源转化为互联网流量，利用信息通信技术构建能源互联网，实现智慧化的"创能、储能、节能"。

小米手机

2011年8月16日，北京小米科技有限责任公司推出由该公司研发的国内首款双核1.5G手机——小米手机。该手机采用高通1.5GHz双核CPU、Adreno220图形芯片，配置1GB的RAM内存、4GB机身存储，支持32GBMicroSD；采用4英寸16:9屏幕，分辨率为854×480，屏宽为63毫米；支持WiFi和蓝牙,定位准确,信号好；采用锂聚合安全电池，容量1930mAh，可连续通话15个小时，具有双核、大屏、信号好、大电池等四大特点，是当时"全球最快"的智能手机。手机三围尺寸为125×63×11.9（毫米），重量149克，正

小米手机

面3个触摸键分别是菜单键、桌面键、返回键，侧面分别是USB数据接口、音量控制键、电源键，背面设有摄像头、闪光灯、降噪麦克。

新一代高清制作网络系统

2011年10月,北京中科大洋科技发展股份有限公司正式推出了新一代高清制作网络系统D3Net3.0。该系统全面应用Post Pack后期制作软件套装,采用项目化制作和管理机制,通过先进的节目生产网络引擎组织业务流程,以满足用户网络化高清节目制作需求。系统采用项目化管理机制,使节目制作人员对资源的管理和使用更加方便,从而大幅提高节目制作效率,同时使管理人员对存储空间的分配和控制更加细致准确,对资源生命周期的管理更加科学可靠;采用大洋独有的分布式渲染技术,构架出灵活可扩展的"编辑阵",形成可自由调配资源的弹性制作系统,大幅提升特效渲染速度;依靠PPNE(节目生产网络引擎)实现文稿、非编、打包、内审等环节之间的业务流程驱动,通过图形化操作简化业务流程;采用大洋最新的Post Pack软件套装,追求精益求精的节目制作效果,并拥有基于Web风格的管控门户,提供专业的设备监控、业务监控、统计分析服务。

大规模数字影像技术应用

2012年3月7日,由北京水晶石数字科技股份有限公司卢正刚、宋小乔、庄岩等完成的"大规模数字影像技术开发及大型会展应用"获北京市科学技术奖重大科技创新奖。该成果重点研究超大型数字影像开发集成技术及网络博物馆展示集成技术。超大型数字影像开发主要创新在规模超大、数据量超大、无缝拼接集成等领域；网络博物馆展示主要创新在于海量数据、动态加载、跨平台应用、富媒体融合等领域。该成果开发了适用于不规则幕的多屏幕播放自动融合预处理方法与多屏幕播放同步控制技术，以及适应球幕制作的三维全景自然光模拟方法，有效解决了超大型数字影像的融合、拼接、同步及合成，可在异型巨幕上完美、逼真地表现展示内容；成功实现了百台级设备影像同步播放、高分辨率设备远距离信号传输还原、高分辨率投影设备亮度、颜色校正、多路扩声系统构建等，在第29届北京奥运会开幕式上创造了140台影视播放设备的同时应用。2010年上海世博会上，首次实现超大规模网络博物馆展示："网上世博会"包括推介、导览等功能，可通过浏览交互式手段介绍有关世博会的大量背景；"网上直播"提供了体验仿真、游戏互动和虚拟等手段，带领人们深入世博会展馆体验感受。

3C领域首个完整ISO国际标准体系

2012年4月24日，国际标准化组织/国际电工委员会通过其官方网站向全球正式发布了闪联《音视频应用框架》《基础应用》《服务类型》和《设备类型》等4项标准，加上2010年发布的《基础协议》《文件交互应用框架》和《设备验证》等3项国际标准都属于同一个系列，都是涉及3C协同的技术标准，7个标准一起构成了信息设备智能互联与资源共享协议（简称"闪联

IGRS")标准体系。它是多个信息终端依据统一的标准,实质是整合和协同,从技术的角度看,主要有智能互联、资源共享、协同服务等 3 项关键技术特征。闪联 1.0 全部 7 项标准成为中国 3C 协同领域首个完整 ISO 国际标准体系,并通过 ISO 在其官方网站发布。至此,任何国家、组织、公司甚至个人,都可以通过 ISO/IEC 获取并使用闪联标准,进行 3C 设备(计算机、消费电器、移动设备)协同互联及相关应用的开发。这标志着中国标准在 3C 协同互联领域形成了完整的标准体系。

拉卡拉手机刷卡器

2012 年 5 月 29 日,拉卡拉支付有限公司推出拉卡拉手机刷卡器。拉卡拉手机刷卡器是个人刷卡终端,是一款通过音频进行数据传输的刷卡外设终端,支持 iPhone、HTC、小米等各类主流手机以及 Pad 产品,主要提供查询、信用卡还款、个人还贷、转账还款、便民缴费、网购特惠等六大便民服务,并支持全部银联磁条卡双向刷卡。该产品内置安全芯片,每台刷卡器对应唯一银行卡磁条信息保护密钥;使用专用安全算法,保证一机一密。消费者交易中涉及所有银

2012年5月29日,拉卡拉支付有限公司推出拉卡拉手机刷卡器

行卡密码均使用自定义密码键盘进行输入，使用安全密钥加密体系上传加密数据，保证用户在移动购物支付时的金融安全。

3D 打印技术

2013年5月，北京太尔时代科技有限公司推出自主研制的桌面级3D打印机——UP Plus 2。UP Plus 2套装中增加了两个全新的部件——自动对高块和水平校准器，这两个小部件可以更加轻松且自动化完成喷嘴高度测试以及打印平台的水平校准。UP Plus 2配有最新的1.19版软件，增加了支撑面积的选择范围，在打印之前可以根据需要将支撑材料尽可能设置到最少；增加了Surface模式，当仅需要打印模型表面作为展示或者薄壁模型的时候可以采用该模式，可以很大程度上提升打印模型的速度，而且打印质量不会受到影响。增加了自动暂停功能，可以在打印前输入想要暂停的高度数值，当模型打印至该高度时便会自动暂停，这个功能可以帮助在打印过程中更换各种颜色的打印材料。UP Plus 2的打印尺寸为：长140毫米 × 宽140毫米 × 高135毫米，配备自动

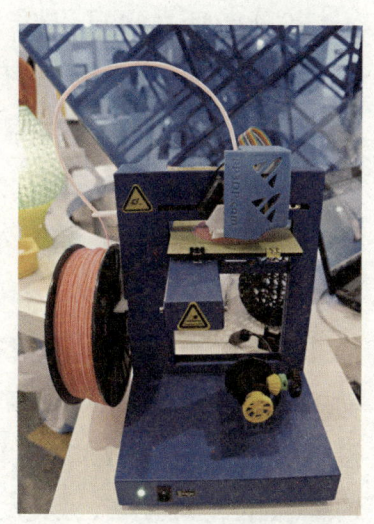

北京太尔时代科技有限公司研发的3D打印机

对高块和水平校准器，可自动化完成喷嘴高度测试以及打印平台的水平校准。

2014年7月31日，北京大学第三医院骨科刘忠军教授主导完成世界首例3D打印脊椎植入手术治疗恶性肿瘤。患者明浩患有尤文氏肉瘤，癌变部位位于枢椎，将要通过手术切除枢椎。刘忠军团队为明浩的枢椎进行前路和后路两次手术，植入使用钛合金粉末经3D打印技术制造出的人工椎体，将人工椎体放在第一和第三椎体之间并用钛合金螺钉将其固定，手术顺利完成。8月18日，明浩康复出院。

收视数据实时采集分析系统

2014年11月14日，歌华有线公司在京宣布，全国首个大样本收视数据实时采集分析系统建成，基于超过400万户高清交互数字电视机顶盒终端回传数据进行大数据分析，并正式推出"歌华发布"收视数据品牌产品。这标志着广电网络公司正式进军收视数据调查市场。不同于传统收视率调查，歌华有线大样本收视数据研究中心依托北京400万高清交互数字电视用户，可记录每一用户每一步操作行为，具有客观、公正、权威的特点；数据自动回传和采集，全程由计算机自动完成，客观反映用户真实行为，没有人为干预，保证数据真实、可信，具有可靠性的特点；数据的实时回传、实时分析、实时发布，满足了大数据时代用户对收视数据越来越快速、高效的要求，具有时效性的特点。

65英寸OGS触控显示屏

2014年11月16日,京东方科技集团股份有限公司在"十六届中国国际高新技术成果交易会"上首发65英寸OGS(One Glass Solution,一体化触控技术)显示屏。该产品突破了OGS拼接曝光技术难点,将OGS触控技术应用于65英寸4K×2K超高清显示屏,实现了大尺寸、4K超高清、OGS触控技术的融合。该显示屏采用京东方(BOE)在OGS触控领域的自主技术——OGS金属网格技术(Metal Mesh),取代传统的ITO技术,在明显降低材料成本的同时大幅提升触控灵敏度,同时,全面综合了多点触控、4K超高清分辨率、OCR全贴合工艺、薄型化设计等多项亮点技术,给用户带来极佳的视觉与触控体验。此款65英寸4K OGS触控显示屏将用于金融、交通、教育、医疗、公共信息服务等众多商用领域。

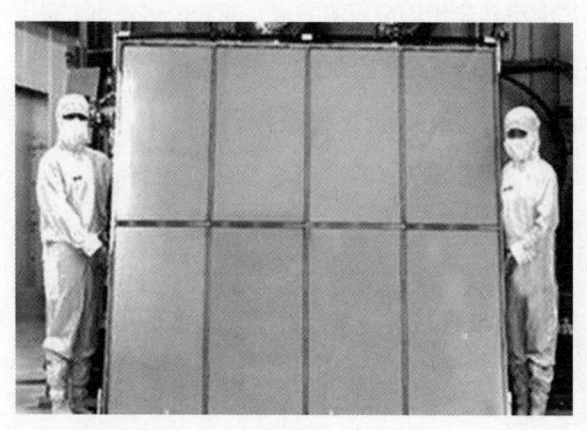

京东方科技集团股份有限公司研制的65英寸超高清氧化物显示屏

"零背板"交换机

2015年8月21日,北京星网锐捷网络技术有限公司在京推出"零背板"数据中心交换机 RG-N18018-X。产品在100万亿字节平台上应用"零背板"技术,突破能够解除背板对容量提升的限制,提供持续的带宽升级能力和业务支撑能力;采用100吉字节端口无PHY芯片设计,具有RG-N18018-X最高速率、最全端口的丰富组合,支持100吉字节、50吉字节、40吉字节、25吉字节、10吉字节;具备172万亿字节的超大带宽,单板支持36个100吉字节接口,实现单板3.6万亿字节的交换容量,整机最大提供576个100吉字节端口或2304个25吉字节端口;采用显卡级大缓存GDDR5SDRAM配置,单板性能达24吉字节容量,最大支持512千字节虚拟机的核心交换机;实现直通风道散热设计,可降低设备温度;其前面板采用30度内折弯设计,对比垂直面开孔率达106%,有效提升进风量;机箱内采用对旋风扇设计,可同时满足风量和风压的需求,降低风扇噪声;采用钛金级别电源,使供电转换效率达96%;同时100吉字节线卡采用无PHY芯片设计,使单板功耗降低5.63%以上。

35千伏和220千伏超导限流器

2009年7月20日,由北京云电英纳超导电缆有限公司的龚伟志、胡之荣、李明等联合研制的35千伏超导限流器在云南普吉变电站并网运行一年后，云南电网公司对 35 千伏超导限流器进行"人工短路故障"试验，用于检验超导限流器在系统发生三相短路故障时的技术性能是否满足电网要求。经过 13.295 千安、10.435 千安、11.384 千安、11.73 千安、22.077 千安等 5 次人工短路试验，世界上挂网运行电压等级最高、容量最大的超导限流器经受住了电网短路故障的检验。该限流器解决了一直以来困扰饱和铁心型超导限流器的体积重量大、稳态阻抗难以下降等难题。35 千伏超导限流器创造了 3 个世界第一：首次在饱和铁心型超导限流器中采用变铁心截面积的设计，优化了铁心结构，大大增强了直流励磁效果，保证交流侧铁心的稳定深度饱和，从而进一步降低了稳态通流时的阻抗和谐波含量，有利于减小设备体积和重量；采用了速断直流设计，研发了具有 5 毫秒切断、电压钳制、800 毫秒恢复的直流励磁系统，妥善解决了高感应电压冲击、设

2012年10月29日，北京云电英纳超导限流器研制220千伏超导限流器

备易受损坏的问题，同时增强限流效果；采用了三相六铁心交直流绕组松耦合结构，合理安排各部件，有效利用空间，解决了高压绝缘结构的问题，大大缩小了设备的体积、减轻重量和减少了制作成本。

2012年10月29日，北京云电英纳超导限流器研制220千伏超导限流器正式并入天津石各庄变电站主输电网，并网后各项性能指标正常，状态良好。这是北京云电英纳继2009年成功实现35千伏超导限流器挂网运行之后，再次刷新了超导限流器挂网运行电压等级最高、容量最大的世界纪录，保持了在超导限流器技术领域的国际领先地位，标志着我国超导技术在电力工业应用上处于世界领先。

数控桥式龙门五轴车铣复合机床

2010年9月29日，北京第一数控机床有限责任公司研制生产的XKA28105300数控桥式龙门车铣复合机床在哈尔滨汽轮机厂有限责任公司正式交付使用。该机床是经过自行消化吸收国外技术，独立研制出的超重型数控桥式双龙门镗铣床。该机床作为超大跨度龙门镗铣床首次使用了跨度超过9米、净重超过100吨的整体铸铁横梁，打破了目前世界上超大型、超重型数控龙门镗铣床使用的最大整体铸铁形式的横梁纪录，也打破了国外对我国重型超重型数控机床及功能部件的技术和市场封锁。机床总宽22米，高度15米，总长39米，总重约900吨。龙门最大通过宽度

2010年9月29日，北京第一数控机床有限责任公司研制生产的XKA28105300数控桥式龙门车铣复合机床

达10.5米，最大加工高度达7.5米，主轴功率105千瓦，主轴最大扭矩9500牛·米，大功率、大扭矩A/C轴机械式传动摆角铣头，配有直径9.5米的车铣双速数控转台，承重300吨。该机床是集机、电、液等先进技术于一体的重型机械加工设备，采用模块化设计，标准化程度高，性能可靠，操作简单，维修方便，主要用于大中等尺寸和大重量零件的加工，可广泛应用于机床、工程机械、矿山机械、船用柴油机、船用壳体、汽轮机、机车车辆、模具、大型环保设备以及核电设备等制造行业的大型复杂零件的加工。

65纳米大角度离子注入机

2010年11月，由北京中科信电子装备有限公司自主研发

的 300 毫米/65 纳米大角度离子注入机进入中芯国际（北京）集成电路制造有限公司，开始接受国际主流生产线的技术测试与器件工艺检验。这是国产高端离子注入机首次进入 300 毫米主流生产线。65 纳米大角度离子注入机以满足大规模生产线 65 纳米制程工艺需求为目标，以提升产品工艺性能、整

65纳米大角度离子注入机

机可靠性及降低成本消耗为设计理念。2012 年，经过长时间的系统的性能测试结果表明：0.16 微米的颗粒在 20 个/片以下，达到用户的要求；生产效率接近主流设备水平；气态离子源使用达到 600 小时。整机生产率、控制精度、软件可靠性、整机自动性能、工艺一致性等指标都超过了项目合同要求，适应国际 300 毫米工艺生产线标准要求。表明国产的离子注入机研制已经逐步达到世界主流技术水平。

北京牌电动汽车

2010 年 12 月 20 日，30 辆北京市自主品牌的北京牌首批纯电动轿车在亦庄新能源汽车产业园下线。这款基于萨博整车技术平台的纯电动轿车 Q60FB 是北汽新能源汽车有限公司首批产

业化的产品，它们在外观上与普通车辆没有差别，但"心脏"是将传统的汽油发动机变成了电瓶和电机。采用永磁同步电机，实现整车动力总成匹配、碳酸铁锂动力电池及其管理系统

北京牌电动轿车

的设计和安装、整车控制系统改造和完善、辅助部件（空调、转向和制动）的电动化改造，研制出面向产业化的纯电动轿车。纯电动轿车时速0~100公里加速时间小于15秒。纯电动车充满电后，一次大约能行驶200公里，百公里耗电13度左右。一次充电时间，快充为1小时，慢充为10小时。此次下线的纯电动轿车将分别面向公务、商务、警用、租赁等市场。

曲轴磨削成套装备

2014年11月28日，由北京第二机床厂有限公司的王波等人完成的"曲轴柔性、精密、高效磨削加工关键技术与成套装备"获2014年度中国机械工业科学技术奖特等奖。该项目通过采用基于非圆磨削原理的双砂轮架随动式（切点跟踪）磨削技术、六轴同步插补联动磨削技术，实现一次装夹双砂轮同步磨削曲轴连杆颈和主轴颈，将传统的曲轴磨削7道工序优化为4道或5道工

北京第二机床厂研制的B2-K1018"双砂轮架随动式数控曲轴磨床"

序；研发出具有敏捷柔性特征的曲轴磨削生产线总体布局技术、随动式（切点跟踪）磨削技术、智能化无编程专家系统、连杆颈相位数字化自动测量识别技术、曲轴随动同步切磨纵磨技术、曲轴品种的智能识别与敏捷换型技术、超精密抛光、机床几何误差及磨削圆度与尺寸误差补偿、微进给传动与高响应驱动等关键技术。该整套装备包括双砂轮架数控随动式（切点跟踪）曲轴磨床、数控曲轴止推面磨床、数控曲轴轴端磨床（法兰端磨削）、数控曲轴轴端磨床（皮带轮端磨削）、数控曲轴抛光机等产品。该项目获得国家授权发明专利10项，授权实用新型专利3项。应用于汽车、船舶、内燃机车、军工、工业机器人、空调冰箱压缩机等不同行业。曲轴磨削成套装备的研制成功，使中国成为继英国、德国、日本之后第4个掌握随动式磨削技术及装备的国家。

数字喷墨制版系统

2014年12月4日,北京中科纳新印刷技术有限公司在京推出自主研制的最高时速对开报业制版系统样机——纳新NT220-131A数字喷墨制版系统,及两款产品——纳新NT220-116B数字喷墨制版系统、纳新NT220-116C数字喷墨制版系统。新产品采用平台式设计,主架为天然大理石材质,集稳定性好、耐用和版材尺寸无限制等特点。设备驱动器采用了以色列ACS/ELMO磁悬浮专用控制器,使性能更加稳定和高速灵活。全自动喷头清洗和维护系统让使用更为方便。异常版材自动检测系统保证了设备的高效使用。高精度喷墨单元制版速度达到40对开张/小时,分辨率达600dpi,最小喷墨量小于3pl,工业喷头设计更利于集成组装。纳米喷墨直接制版技术,是将含有纳米粒子的亲油性环保墨水直接打印在超亲水版基上,通过材料表面浸润性调控,得到精细可控的小网点,从而实现版材表面亲油区与亲水区

纳新NT220-131A数字喷墨制版系统

的明确划分并形成足够反差。纳米喷墨制版无须化学显影，既简化了生产流程，避免显影环节对印版质量的影响，又杜绝了显影造成的危险废液排放。

止血新药"苏灵"

2009年3月25日，由北京康辰新医药研究所自主研发的国家一类止血新药"苏灵"在北京宣布上市。"苏灵"是利用中国特有的蛇种——尖吻蝮蛇体内的毒液研制出的新一代临床止血药。它采用蛇毒单体提纯技术，使单一组分纯度达到99%，是迄今为止我国上市产品中唯一完成全部氨基酸测序的单一组分的蛇毒血凝酶类药物。经过Ⅰ期、Ⅱ期、Ⅲ期共682例临床试验显示，"苏灵"在外科手术中有良好的止血效果，且无激活内源性凝血系统所致的潜在不良反应。"苏灵"的研制成功，使我国对蛇毒血凝酶的研究与应用上升到一个新的水平，也为我国临床手术止血增添了新的选择。该药于2008年9月获得新药证书和生产批件。2009年5月获得药品GMP认证证书。

多靶向抗肺癌新药"恩妥宾"

2011年12月31日，由北京凯悦宁科技有限公司吴洪流等研制的多靶向抗肺癌新药"恩妥宾"获国家新药证书和生产批件。这是一种全新机理、多靶位叶酸拮抗剂。它是一种核苷酸合酶

(TS)、二氢叶酸还原酶（DHFR）和甘氨酰胺核糖核苷（酸）甲酰转移酶（GRAFT）三重核酸代谢关键酶的竞争性抑制剂，能在叶酸盐通道中阻断癌细胞在裂分和生长过程中至关重要的多种酶靶标。市场上一般的抗癌药物，只对一种单一的酶进行阻断，而"恩妥宾"对3种酶同时进行阻断，抑制癌细胞的生长、繁殖，能够较好地抑制某些类型肺癌的恶化和生长转移。"恩妥宾"产品质量控制纯度达到99.5%，同时新型的制剂配方和冻干技术使得新药的GMP生产时产品的最终质量超过了美国同类产品的2~3倍。该药主要用于一、二线以及维持治疗非小细胞肺癌和间皮瘤，与常用的抗癌药物紫杉醇类相比，"恩妥宾"的严重白细胞减少症状仅是前者的1/8，住院率和其他严重副作用也降至3成左右，是一种长效型抗肺癌药。

脑起搏器

2013年8月，清华大学研发、北京品驰医疗设备有限公司生产的脑起搏器获得国家食品药品监督管理总局颁发的产品注册证。清华大学李路明教授领导的团队从2000年开始脑起搏器研究，经过不懈努力，攻克集成制造、测试、可靠性等技术难关，建立了由26项发明专利组成的知识产权网络，研制成功脑起搏器。脑起搏器由3部分组成，分别为电极、导线和脉冲发生器。电极直径约为1.27毫米，从患者头顶植入大脑深部特定的神经核团，电极上连接有导线，导线与普通耳机线粗细相当，埋在皮肤下面，

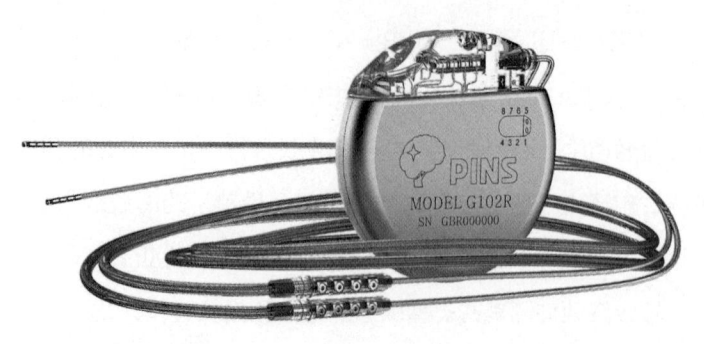

双通道可充电脑起搏器

经耳后与胸前的脉冲发生器相连接。植入成功后,脉冲发生器可由程控医生体外编程,产生的电脉冲经过导线传送至电极,对大脑的特定部位产生慢性电刺激,从而达到神经调节的治疗效果。突破了对植入体内的脑起搏器进行无线充电的技术,研制成功可充电脑起搏器,即使用一段时间后,无须取出体外,隔着皮肤对准脑起搏器充电就行,大大延长了脑起搏器的使用寿命。

2014年9月,市科委、清华大学联合举办"北京市重大科技成果'清华可充电脑起搏器'发布会"。可充电脑起搏器通过电磁耦合的方式,采用无线方法给植入体内的刺激器充电,可使脑起搏器使用寿命提高到10年以上,且价格仅为进口产品的一半左右。这一成果使我国成为继美国之后,第二个能够研制、生产脑起搏器的国家。

肠道病毒71型灭活疫苗

2015年12月30日,由北京科兴生物制品有限公司研发

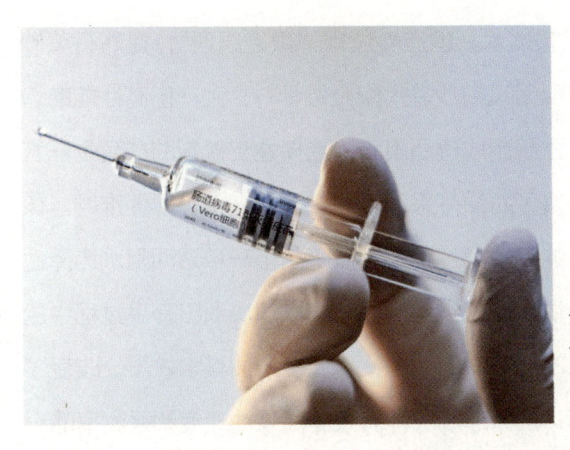

预防用生物制品1类新药——肠道病毒71型灭活疫苗

的预防用生物制品 1 类新药——肠道病毒 71 型灭活疫苗（商品名：益尔来福®）生产注册申请获国家食品药品监督管理总局批准，取得新药证书和生产批件。疫苗对 EV71 引起的手足口病的保护率可达 94.6%，对 EV71 引起的重症手足口病的保护率达到 100%，临床结果表明疫苗安全、有效、生产工艺成熟、产品质量稳定。已在昌平科技园建设了北京科兴新疫苗产业基地，设计年产能 2000 万支。

石油开采透油阻水选择性支撑剂

2012 年 4 月 9 日，在第六届北京发明创新大赛颁奖会上，北京仁创科技集团有限公司秦升益发明的"石油开采透油阻水选择性支撑剂"获得特等奖。"石油开采透油阻水选择性支撑剂"是一项原创性发明技术产品，应用"降低油的界面张力，增加水的界面张力"的技术原理，形成增油减水的压力新技术；发明一种覆膜砂生产工艺技术，创造性应用"蛋壳原理"，提高石英砂单颗粒强度，实现用风积沙替代陶粒做骨料，生产出高性能的选择性支撑剂；自主研制成透油阻水的选择性支撑剂的成套生产装备。该项技术解决了石油开采领域高含水的一个世界性难题。该产品是用沙漠中的沙子通过自主创新研制出一种透油阻水选择性支撑剂，替代传统陶粒用于压裂施工，以解决油田开采过程中压裂井含水率高、出油率低的问题，实现了增油减水效果，改变了地层油水渗流场，从而形成一种有效提高采油速度和采收率的石油开采新技术。该产品已应用于大庆油田、胜利油田、新疆油田等大型油田，平均出油率提高15%，个别油田提高100%。

石墨烯节能改进剂"碳威"

2015年6月30日，北京碳世纪科技有限公司召开新闻发布会，正式发布由该公司研发生产的石墨烯发动机油节能改进剂——"碳威"。该产品属石墨烯发动机油节能改进剂，实测中所有车辆动力性能均有提升，汽车节油量达10%，可以应用到汽车、轮船、工程以及各类机械设备中。其节油原理在于石墨

由北京碳世纪科技有限公司研发的中国首款石墨烯节能改进剂"碳威"问世

烯具有超强的抗磨损性，能在汽车发动机摩擦副表面形成一层碳原子层保护膜，并且会产生很多碳纳米球，可降低摩擦系数。

华锐海上风力发电机组

2009年3月20日，由华锐风电科技股份有限公司研发的中国第一台海上大功率并网风力发电机组一次整体安装成功。该机组是当时国内单机功率最大的海上风电机组，采用三叶片、水平轴的结构形式以及先进的变桨变速双馈的发电技术，配备紧凑型主传动链、高性能的发电系统、独立控制的变桨系统和在线状态监测系统，具备低电压穿越功能，并采用了有效的防腐蚀措施和冗余设计以提高机组的可靠性。同年9月4日，华锐风电研制的具有自主知识产权、采用主流技术的中国首批3台国产化3兆瓦海上风电机组在上海东海大桥10万千瓦海上风电场投入运行。

华锐海上风力发电机组

2010年8月9日至8月31日，后续31台机组全部完成240小时预验收考核。34台机组累计发电量已达48272兆瓦小时。所发电能通过海底电缆输送回陆地。（注：该项目位于东海大桥东侧的上海市海域，距离岸线8~13千米，平均水深10米，总装机容量102兆瓦，全部采用华锐风电科技股份有限公司自主研发的34台3兆瓦海上风电机组。）2011年5月18日，该公司自主研发的中国首台6兆瓦风电机组SL6000下线。该机组叶轮直径长达128米，可适应零下45摄氏度的极限温度，并通过了62.5米/秒的极限风速测试，标志着我国海上风电机组技术水平已处于全球先进地位，打破了国外对海上风机的垄断。

德青源沼气发电厂

2009年5月19日，由北京合力清源科技有限公司设计建造的"德青源沼气发电厂"工程项目竣工并网发电。这是国内第一个用鸡粪发酵工艺产生沼气发电的项目。该项目在原料预处理、厌氧发酵、沼气提纯等核心环节，实现了沼气工程的小型化、模块化，并将沼气转化成具有高附加值的生物天然气。它利用农场鸡粪和污水进行厌氧生物处理生产

德清源沼气发电厂

沼气和电力，每年可为华北电网提供1400万度"绿色电力"，减排二氧化碳8.4万吨，产出固态有机肥7000吨。该项目被联合国开发计划署（UNDP）和全球环境基金（GEF）联合授予"全球大型沼气发电技术示范工程"。

核电站数字化仪控系统

2010年3月26日，国家核安全局为北京广利核系统工程有限公司颁发了民用核安全电气设备设计／制造许可证，这是我国首次针对核安全级数字化仪控系统设备颁发相关许可证，意味着我国核电数字化仪控系统有了首个自主品牌。核电站数字化仪控系统是整个核电站的"神经中枢"，标志着一个国家在大型核电装备领域的现代化程度，长期以来我国在这一领域的产品绝大部分依赖进口。广利核公司应用自主研制的系统平台，承担了红沿河、宁德、阳江等10台机组项目，在国内率先实现了核电站非安全级数字化仪控系统的设计自主化和设备国产化。此次发布的这个数控平台严格遵循核安全法规和标准的相关要求，各项性能指标均达到或超过了国外同类产品，不仅可以直接应用于CPR1000等二代改进型压水堆核电站的安全级保护系统，也可用于第三代AP1000和EPR核电站，并且对第四代高温气冷堆和快中子堆核电站的保护系统研制具有推动作用。它打破国外厂商在此领域的垄断地位，填补国内在此领域的技术空白，解决了我国工业体系中的一块心病。

"嫦娥二号"卫星

2010年10月1日，由中国运载火箭技术研究院研制的"长征三号丙"运载火箭搭载着由中国空间技术研究院负责研制的"嫦娥二号"卫星在西昌卫星发射中心点火发射。"嫦娥二号"的主要科学目标是对月球着陆区和其他重点区域进行精细测绘、立体成像，精细探测月面的元素成分与分布，月壤的电磁特性、粒度纬度和月壤层厚度，近月空间的环境等。"嫦娥二号"探月工程由绕月探测卫星、运载火箭、发射场、测控和地面应用五大系统组成。其中绕月探测卫星选用"东方红三号"卫星平台，总质量2350千克，设计寿命1年。该卫星尺寸为2000毫米×1720毫米×2200毫米，并充分继承资源一号、二号等地球卫星的成熟技术和产品，进行适应性改造。即在继承上的创新，图片一批关键技术，如三维定向技术，即卫星的太阳能电池翼、遥感器和传输信息的天线分别要时刻对准太阳、月亮、地球。"嫦娥二号"卫星将在距月球表面约100千米高度的极轨轨道上绕月运行，较"嫦娥一号"距月表200千米的轨道要低，有利于对重点地区做出精细测绘。此次执行"嫦娥二号"直飞月球任务的"长征三号丙"火箭，较之前护送"嫦娥一号"上天的"长征三号甲"火箭增加了两个助推器，运载能力更大，由2.6吨提高到了3.8吨。为获得着陆区的精细地形数据，"嫦娥二号"激光高度计在月面上留下的"激光足印"间距更小，激光测距精度可达5米，从而获得月球上几个重点区域的高密度高程测量数据；"嫦娥二号"所携带的 CCD 立体相机的空间分辨率由"嫦娥一号"时期的 120 米左右提高到小于 10 米，其他探测设备也有所改进，所探测到的有关月球的数据更加翔实；"嫦娥二号"获得的这些更高空间分辨率的探测数据可以与"嫦娥一号"的探测数据进行互相校核；"嫦娥二号"演练"嫦娥三号"软着陆前的 15 千米 × 100 千米椭圆轨道，这是探月卫星首次如此近地接近月表；根据月球探测二期工程的要求，新增了 X 频段的测控，使得我国深空测控通信能力将扩展到"地球——火星"间的距离；另外，在月球探测卫星的轨道设计和紫外月平仪的研制方面，采用三轴稳定方式，对月定向工作，运行在距月球表面 100 千米的圆形极轨道上。"嫦娥二号"工程获 2012 年度国家科学技术进步奖。

中国首个"太空摆渡车"

2015 年 3 月 30 日，搭载第 17 颗北斗导航卫星的"长征三号丙"运载火箭在西昌卫星发射中心发射升空，卫星顺利进入预定轨道。发射首次在运载火箭上增加了一级独立飞行器，即被称为"太空摆渡车"的"远征一号"上面级。由中国运载火箭技术研究院研制，可在太空将一个或多个航天器直接送入不同的轨道，技术特点包括兼具运载器与航天器的技术特性，是在运载火箭或重复使用运载工具上面，增加的相对独立的一级或多级，可依靠自身动力携带航天器继续飞行；运载火箭将其送入太空后，"太空摆渡车"能多次点火启动，满足不同发射任务的需求；"远征一号"作为四级火箭可飞行 5~6 个小时,可以飞到几万千米的外太空;可把不同"乘客"送到不同目的地,可以直接将卫星发送至距离更为遥远的目标轨道,卫星不需要再变轨。中国首次采用"太空摆渡车"执行中高轨航天器发射任务,在轨工作时间为 6.5 小时。

滴滴出行

2012 年 9 月 9 日,北京小桔科技有限公司在京推出出租车 App,从打车初始阶段到下车使用线上支付车费。12 月 2 日,又开通了预约功能,可以即时预约明天乃至后天的出租车,增加了加价功能,在高峰期或者不好打车时,提供了加价方式来提供叫车的成功率;省掉了注册和登录流程,让用车能够更加便捷。

2014 年 3 月,出租车软件的用户数超过 1 亿人次,司机数超过 100 万人,日均单达到 521.83 万单。2014 年 5 月 7 日,公司正式更名为"滴滴打车"。

2015 年 2 月 14 日,滴滴打车与快的打车两公司联合宣布将以 100% 换股的方式正式战略合并。

2015 年 10 月 8 日,上海市交通委正式宣布向滴滴快的专车平台颁发网络约租车平台经营资格许可。滴滴快的成为第一家获得网络约车租车平台资质的公司。2015 年 9 月 9 日,"滴滴打车"更名为"滴滴出行"并启用新 Logo——一个扭转的橘色大写字母 D,并发布全新版本的"滴滴出行"App。新版本滴滴出行界面把选择出行方式一栏被移至整个界面的上方,左右滑动可更改,出发地与目的地设置依旧位于界面底部,只不过除了显示出目的地之外,出发地也清晰地显示出来。2015年,滴滴出行全平台(出租车、专车、快车、顺风车、代驾、巴士、试驾、企业版)订单总量达到14.3亿单。

TD220无人直升机

2012年底,北京中航智科技公司的田刚印和满意二人研发出了世界上首架电控共轴无人直升机——TD220无人直升机。该机机身长度只有1.5米,空机重量仅为140公斤,任务载荷100公斤,最大飞行速度为每小时100公里,续航时间5小时,升限4000米。它能在小于5米×5米的空间范围内自由起落,其载荷、速度为同等量级无人机的2倍。试验结果表明,具备包括自主起飞、自主着落、悬停、航路点规划在内的全自主飞行,以及导航精准、结构紧凑、操作简单等独特优势,可广泛应用于抗震救灾、电力巡线、农药喷洒、森林防火、航拍测绘、海洋监管等领域。

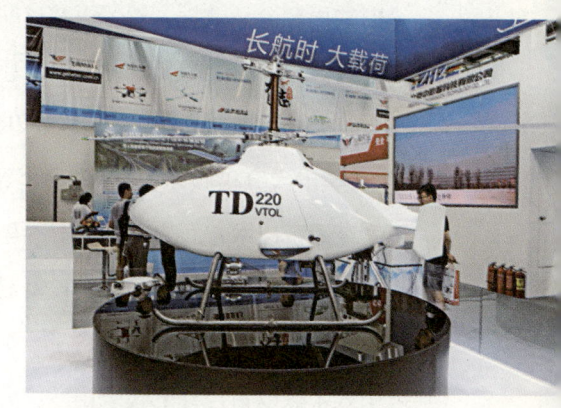

北京中航智科技有限公司研发的TD220无人直升机

百度人工智能

深度语音识别系统"百度 Deep Speech" 2014 年 12 月，百度公司对外宣布，开发出了一种深度语音识别系统"百度 Deep Speech"。该系统由吴恩达及 10 名科技人员的百度研究团队开发出来的。百度 Deep Speech 基于一种被称为"深度学习"（Deep Learning）的人工智能技术，能够以一种非常原始形式来模仿人大脑新皮层中的神经活动，因此深度学习系统就能够识别出数字形式的声音、图片等数据。其在汽车内、人群中等噪音环境下的表现尤其突出，出错率要比谷歌 Speech API、Wit.AI、微软 Bing Speech、苹果 Dictation 低 10% 以上。汉语语音准确率高达 94%。Deep Speech 语音识别系统的技术架构是一款基于"学习性"为基础的语音识别系统，即某种递归神经网络（RNN）。在研发过程中，百度人工智能实验室团队收集了 7000 小时的语音会话数据，然后再将这些语音文件与包含背景噪音的文件合成到一起，最后形成约 10 万小时的训练集。深度语音识别系统 Deep Speech 2 已被美国权威杂志《麻省理工评论》列入 2016 年十大突破技术。《麻省理工评论》在文中评价说："随着百度在语音技术方面的不断进步，语音接口变得更为实用和有效，人们可以更为便利地与身边的设备进行互动。百度的深度语音识别系统（Deep Speech 2）包含了一个非常大的、'深'的神经网络，它引入了数以百万计的转录语音。有时它在识别汉语语音片段方面，要比人为识别更加准确。"

百度无人驾驶汽车 2015年12月10日，由百度公司研发的百度无人驾驶车路测在京取得成功。该车从百度大厦出发，驶入G7京新高速公路，经五环路，抵达奥林匹克森林公园，随后按原路线返回，首次实现城市、环路及高速道路混合路况下的全自动驾驶，并完成多次跟车减速、变道、超车、上下匝道、调头、不同道路场景切换等复杂驾驶动作，最高时速100千米/小时，开创中国无人驾驶车研发领域的3个"最"：适应路况最复杂、自动驾驶动作最全面、环境理解精度最高，标志中国无人驾驶车的发展进入新的里程碑。该车可自动识别交通指示牌和行车信息，具备雷达、相机、全球卫星导航等电子设施，并安装有同步传感器，车主只要向导航系统输入目的地，汽车即可自动行驶，并会通过传感设备上传路况信息，进行实时定位分析，判断行驶方向和速度。其技术核心是"百度汽车大脑"，包括高精度地图、定位、感知、智能决策与控制四大模块，是"百度大脑"在汽车领域的垂直应用。

百度无人驾驶汽车首次实现城市、环路及高速道路混合路况下的全自动驾驶

其中，百度公司自主采集和制作的高精度地图可记录完整的三维道路信息，能在厘米级精度实现车定位；依托交通场景物体识别、环境感知技术，可实现高精度车辆探测识别、跟踪、距离和速度估计、路面分割、车道线检测。

ofo 共享单车

2014 年，北京大学的戴威创立"ofo 共享单车"公司。其创办的无桩共享单车平台 ofo 共享单车，秉持"不生产车，只连接车"的理念，致力于满足城市居民短途出行需求。2015 年 9 月，ofo 微信公众号正式上线，在北京大学校园设了 2000 辆单车，第一天就收获 100 个订单。一个月后，日订单突破 3000 单。戴威走出北京大学，进入中国人民大学、北京航空航天大学、北京师范大学等 15 所北京高校。到 2015 年底，就有 40 万注册用户，服务近 100 万高校师生，日订单量达到 1 万单，累计订单突破 150 万单。

智能机器人

"小鱼在家" 2015 年 1 月 29 日，小鱼儿科技公司在京发布首款家庭智能陪伴机器人"小鱼在家"。这款设备能够实现家庭成员间的远程音视频通讯，同时支持机器学习，拥有人脸跟随、智能录制等功能。"小鱼在家"由摄像头、主屏幕和机体组成，为分散的家庭成员之间建立实时视频通话的桥梁，同时也具有类 Siri 的语音助手功能。主要适用于家庭成员间的音视频通话场景，具体功能包括家庭圈的多方视频通话、手机 App 呼叫、智能语音助手、人脸跟随和智能录制等。在外形上，该款设备基于机器人瓦力的形象设计，底座呈圆球形状，摄像头是以平板电脑的形式呈现，可以跟随人脸转动，当家人在家时蓝色呼吸灯会打开。

骨科手术机器人 2015 年 8 月 6 日，由北京天智航医疗科技股份有限公司及中国科学院深圳先进技术研究院等单位共同研制的骨科手术机器人，在北京积水潭医院完成首例基于术中实时三维影像的机器人辅助脊柱胸腰段骨折的微创内固定手术，为一名椎体骨折患者经皮植入 6 枚椎弓根螺钉。手术机器人系统首次实现基于术中实时三维影像的机器人精准定位，误差不到 1 毫米；由医生从临床视角主导设计，实用性强，自由度高，可重复性好；仿生构型能保证系统的灵活性和稳定性，安全保护机制可确保机器人安全手术；能帮助医生完成手术路径的规划，精确引导内植物的植入，减少患者并发症的发生率，减少术中放射线暴露。

二维码移动支付

2002 年 7 月，从日本归国的王越在中关村创办北京意锐新创科技有限公司，从事二维码的研制。2005 年，该公司承接了中国国家二维条码新码制——汉信码的研发，使汉信码成为中国第一个自主知识产权国家标准二维码码制。汉信码支持 GB

18030 的全部汉字，汉字表示效率达到国际领先水平，在数字和字符、二进制数据等信息的编码效率、符号信息密度与容量、识读速度、抗污损能力等方面也达到国际先进水平。

2006 年，意锐新创公司成功研制了我国第一款汉信码读取设备以及手机版汉信码引擎，并全程制定了中国移动手机条码二维码应用规范。2007 年，汉信码成为国家标准。2014 年，意锐新创公司研发出了金融安全级的动态二维码支付技术。2015 年，又成功开发出移动支付设备"派派小盒"（又称"小白盒"），进军移动支付领域，小白盒同时具备扫码支付与开票功能，支付仅需 1 秒钟，开发票 5 分钟，重新定义了移动支付终端理念。2016 年 8 月，中国人民银行确认了二维码支付的合法性，继央行承认二维码支付后，银联集结数家发卡行及第三方支付也加入扫码支付领域场。从此，该产品以品质优良，用户体验好，价格明显低于国内外同类产品而在移动支付领域得到广泛应用。据统计，意锐"小白盒"在国内手机二维码支付领域占有率已达 60%。联合国开发计划署的报告则显示，2016 年中国的移动支付市场规模达到 2.9 万亿美元，中国的移动支付正在改变世界。

编码信息：我国自主知识产权二维条码——汉信码

参考书目

1. 北京市地方志编纂委员会：《北京志·开发区卷·中关村科技园区志》，北京出版社，2008年11月。

2. 中关村科技园区管理委员会：《创新中关村》，北京出版社，2014年8月。

3. 中共北京市委党史研究室、北京市海淀区史志办公室：《海淀改革开放30年》，中央文献出版社，2008年11月。

4. 柯小卫：《当代北京中关村史话》，当代中国出版社，2012年5月。

后　记

今年国庆前夕，我们从北京出版集团北京出版社史志编辑部获悉，北京出版社与市地方志办合作，拟编辑出版一套系列丛书——《京华通览》，将以分册形式出版。要求我们以创新文化为主题，精选群众需要的知识，以图文结合的形式，编写一本反映中关村示范区史实的小册子，使北京人以及关注北京的国内外朋友进一步认识北京，热爱北京，为擦亮北京这块"金名片"做出奉献。字数在10万字左右，并尽量收录最新资料和提法。

接到任务后，我们按照丛书编纂内容和体例要求，以第一轮《北京志·中关村科技园区志》《创新中关村》等为基础，选取中关村创新发展历程中的在体制机制、创业环境、技术研发等方面具有独创性的典型事例，记述中关村从电子一条街起步，历经北京市新技术产业开发试验区、中关村科技园区、中关村国家自主创新示范区的创新发展的历程，彰显30余年来中关村示范区对北京建设文化中心和科技创新中心做出的贡献。为读者提供有关中关村示范区的普及化、大众化阅读读本。

受我们能力和水平所限，本书在撰写过程中难免出现资料选用不妥，或史实不全等问题，敬请读者批评指正。

2017 年 12 月